Das SuchtSpielBuch

Andreas Robra

Das SuchtSpielBuch

Spiele und Übungen zur Suchtprävention in Kindergarten, Schule, Jugendarbeit und Betrieben

Kallmeyer
edition: gruppe & spiel

Dank an:
Esther, Florian und Alice für die Geduld und die Anfeuerung,
Ulrich Baer, Jürg Born und Günter Kistner für viele gute Spielideen,
und besonders an alle Erzieher/innen, Lehrer/innen, Eltern,
Jugendleiter/innen, Kolleginnen und Kollegen sowie Kinder und Jugendliche,
die als Pre-Tester der beschriebenen Spiele an der Entstehung dieses Buches
ihren Anteil haben!

Die Deutsche Bibliothek – CIP-Einheitsaufnahme
Robra, Andreas:
"Das SuchtSpielBuch" : Spiele und Übungen zur Suchtprävention in
Kindergarten, Schule, Jugendarbeit und Betrieben / Andreas Robra. -
Seelze-Velber : Kallmeyer, 1999
ISBN 3-7800-5814-6

Impressum:
Andreas Robra. Das SuchtSpielBuch. Spiele und Übungen zur Suchtprävention
in Kindergarten, Schule, Jugendarbeit und Betrieben

2. Auflage

Illustrationen: Andrea Reinhard
Druck: Hahn Druckerei, Hannover
ISBN 3–7800–5814–6

Inhalt	Seite

Vorwort

Suchtvorbeugung? Ja! Aber wie?

Auch heute noch kursieren unter Praktikern und Fachleuten ganz unterschiedliche Vorstellungen und Ansätze über Grundlagen der Suchtvorbeugung. Ein Grund für diese Vielfalt liegt in der Evolution der Suchtprävention. Völlig ausgestorbene „Fossilien“ gibt es hier jedoch noch keine: die Dinosaurier der Suchtprophylaxe, also die Schrecklichen Echsen (oder hier besser die Abschreckenden Echsen), leben in vielen Köpfen und Programmen weiter neben neueren Spezies, die sich einer veränderten Wirklichkeit und neuen Erkenntnissen angepasst haben.
In den Anfängen der ersten breit angelegten Präventionskampagnen wollte Abschreckung mit drastischen Bildern bei den Konsumenten die Einsicht erzeugen, aufgrund der damit verbundenen Gefahren keine Drogen zu nehmen. Später glaubte man, durch verstärkte Drogenaufklärung, durch die Vermittlung sachlicher Informationen könnte man Jugendliche davon abhalten, zu Drogen zu greifen. Dem lag die Annahme zugrunde, Jugendliche würden durch zu wenig Wissen den Drogen anheim fallen.

Und siehe, du bist für sie wie einer, der Liebeslieder singt, der eine schöne Stimme hat und gut spielen kann; Sie hören wohl deine Worte, aber sie tun nicht danach!“
(Hesekiel 33.32)

Neuere Forschungen haben dies widerlegt; sowohl der Abschreckungsansatz wie auch bloße Aufklärung haben sich „im besten Falle als wirkungslos erwiesen“ (Bundeszentrale für gesundheitliche Aufklärung: „Expertise zur Primärprävention des Substanzmissbrauchs“). Auch die Verengung des Blickwinkels auf „Drogen“ im Sinne von illegalen Drogen hat sich als falsch herausgestellt. Als für eine ganzheitliche Suchtvorbeugung eher effektiv haben sich ursachenorientierte Vorgehensweisen erwiesen, wobei man die Ursachen nicht in einer einzigen vermuten darf. Man spricht hier besser von einem „Ursachengeflecht“. Modellhaft lassen sich diese auf vier Pole oder Hauptstränge reduzieren:

- die Persönlichkeit mit ihrer gegenwärtigen Ausstattung an körperlichen, seelischen und geistigen Potentialen und ihrer Geschichte;
- den sozialen Nahraum, indem diese Person sich bewegt und reift (z. B. Elternhaus, Schule, Freundeskreis, Wohnumfeld etc.);
- das zur Verfügung stehende Angebot an Suchtmitteln bzw. süchtigen Verhaltensweisen, also das Suchtpotential bestimmter Mittel, die Griffnähe, die Verfügbarkeit etc. (oder kurz die Drei M: Mensch, Milieu und Mittel bzw. Markt);

Diese drei werden ergänzt von einem vierten Einflussfaktor:

- den gesamtgesellschaftlichen Rahmenbedingungen, wie z. B. Konsum- und Leistungsbezogenheit einer Gesellschaft, Arbeitslosigkeit, soziales Klima, die Einteilung von Suchtmitteln in gesellschaftlich anerkannte legale und in illegale geächtete Drogen etc.

Suchtvorbeugung muss an allen vier Wurzeln ansetzen, wenn sie effektiv sein will! Allerdings haben wir in der Pädagogik kaum (oder nur einen sehr vermittelten) Einfluss auf die Gesellschaft, in der wir leben, ebenso entzieht sich der

Markt unserer Kontrolle. Beide Faktoren werden eher von Politik bzw. (was den illegalen Teil der Drogen betrifft) von polizeilichen Maßnahmen beeinflusst. Als Eltern, Lehrer, Erzieher, Sozialpädagogen, als Trainer oder Betreuer haben wir aber sehr wohl Einfluss auf die Entwicklung der Persönlichkeit der uns anvertrauten jungen Menschen und auch auf das soziale Umfeld, in welchem sich diese Person bewegt. Dies ist das Pfund, mit dem wir wuchern können, darin liegt unsere Kompetenz und auch unser Auftrag!
Wenn auch kein Rezept (dieses gibt es in der Suchtprävention nicht), so ist doch die Stärkung der Persönlichkeit, verbunden mit einem informierten und reflektierten Gesundheitsbewusstsein, ein viel versprechender und erfolgreicher Ansatz. Eine starke, in sich ruhende und gefestigte Person mag zwar mal mit Drogen oder auch zur Sucht geeigneten Verhaltensweisen experimentieren, braucht sie jedoch nicht als Krücke zur inneren Stabilisation!
Auf diesem Ansatz basiert dieses Buch und die in ihm versammelten Spiele.

Warum nun aber gerade Spiele als methodische Vorgehensweise?

Das Spiel ist eine Methode unter anderen, ebenfalls geeigneten Methoden, die sich für eine aktive Suchtvorbeugung eignet.
Gegenüber traditionellen Vorgehensweisen wie dem Referat (möglicherweise unterstützt durch Overhead-Grafiken oder Dias oder dem „Aufklärungsfilm“ wie auch den neueren für die Suchtprävention entdeckten Methoden (z. B. der aus der Theater- und Erlebnispädagogik) hat das Spiel einige Vorteile:

- Spiele sind meist ohne großen zeitlichen und materiellen Aufwand einsetzbar;
- sie lassen sich für verschiedene Zielgruppen variabel einsetzen;
- sie sind in der Regel auch für den spielpädagogischen Laien benutzbar;
- sie machen Spaß (eine Qualität, deren Erfordernis für die Suchtprophylaxe m. E. noch viel zu wenig beachtet wird);
- sie beziehen die Teilnehmer aktiv mit ein und bewirken somit ein „interaktives Lernen“, ein „learning by doing“;
- sie sind in diesem Sinne „teilnehmerorientiert“, d. h. sie lassen den Teilnehmern die Regie über ihr Handeln und darüber, inwieweit sie sich auf ein Spiel einlassen und was sie daraus für sich mitnehmen.

Dies bedeutet jedoch nicht, dass andere bewährte Methoden der Suchtprophylaxe aufgegeben werden sollen. Nicht alles und jedes lässt sich durch Spiel vermitteln und darstellen.
Viele der im Folgenden vorgestellten Spiele habe ich selbst entwickelt oder aus bekannten Spielformen variiert. Andere stammen aus Spielesammlungen bekannter Spieleautoren, die Quelle ist dann jeweils angegeben. Einige davon sind bereits 1997 im Sonderheft „Spiele zur Suchtprävention“ der Zeitschrift *gruppe & spiel* im selben Verlag erschienen, woraus in diesen Fällen nach sorgsamer Überarbeitung auch die dazugehörigen einführenden und überleitenden Texte übernommen wurden.
Alle Spiele sind durch Erfordernisse der Praxis zusammengeführt, meist durch Fragestellungen wie:

- Wie lassen sich bestimmte gewünschte suchtvorbeugende Inhalte anstatt durch ein Referat durch ein Spiel und damit durch eigene Erfahrung statt durch mündliche Erklärungen vermitteln?
- Wie kann ich es den Teilnehmerinnen und Teilnehmern erleichtern, Einsicht in suchtvorbeugende Zusammenhänge selbst zu finden?
- Wie bringe ich sie in Kontakt mit sich selbst, ihren Erfahrungen, Wünschen und Sehnsüchten?

Die Spiele sind in der Praxis erprobt und allesamt praktikabel; ich selber wende sie immer wieder gerne und mit Erfolg (soweit feststellbar) an.
Die Spielanleitungen und Einleitungstexte habe ich mit einigen Zitaten zum Thema Spiel garniert. Manchmal ergänzen sie die Beschreibung, manchmal hinterfragen sie deren Aussage. Beides drängt Leser und Hörer zum Nachdenken, und das ist gut so. Mir helfen diese Zitate bei Veranstaltungen oft gerade bei eher spielungewohnten Gruppen, ihre Neugier auf das Kommende zu wecken und sie damit zu motivieren, sich auf ein Spiel einzulassen. Vielleicht geht es Ihnen ja auch so.
Das Buch umfasst fünf Kapitel. Im ersten Teil sind Spiele zusammengefasst, die beinahe universal einsetzbar und variabel für verschiedenste Zielgruppen einen spielerischen Einstieg ins Thema bieten.
Die Übungen aus dem zweiten Kapitel sind ebenfalls vielfältig einsetzbar und stellen als ruhende Pole oder kleine Highlights in suchtpräventiven Aktionen und Projekten dar.
Im dritten Kapitel geht es um frühe Suchtvorbeugung, die bei den Grundbedürfnissen von Kindern ansetzt, aber auch ihr soziales Umfeld (Eltern, Freunde, Erzieher und Lehrer) miteinbezieht.
Einen eher theoretischen Exkurs bietet das Zwischenspiel mit dem Text Michael, der an einem praktischen Beispiel zeigt, was Kinder und Jugendliche brauchen, um sich selbstbewusst und ohne Suchtgefährdungen entwickeln zu können.
Das vierte Kapitel behandelt überwiegend die Zielgruppe der Jugendlichen und beinhaltet sowohl Spiele für die Arbeit mit Jugendlichen selbst als auch Übungen für Multiplikatoren aus Jugendarbeit, Schule und Ausbildung. In diesen Teil wurde auch ergänzend das Thema „Suchtvorbeugung im Betrieb" aufgenommen.
Im fünften und letzten Kapitel finden Sie Spielaktionen zur Suchtvorbeugung zu verschiedenen Anlässen, Themen und Zielgruppen.

Ein Warnhinweis sei jedoch noch angefügt:
Alle diese Spiele sind kein Rezept, kein Allheilmittel und kein Königsweg für die Suchtprävention! Sie können zwar einiges bewirken, jedoch nie für sich allein genommen, sondern nur durch den Zusammenhang, in den sie eingebettet sind.
Die Spiele und Spielaktionen verstehen sich daher als Bausteine innerhalb eines größeren Ganzen, etwa eines längerfristigen Projektes zur Suchtprävention. Dies ist wichtig, haben sich doch gerade die kurzfristigen Maßnahmen als wirkungslos herausgestellt (vgl. die Expertise der BzgA).

Ich würde mich freuen, wenn das Buch in der Hand von Praktikern der Suchtprophylaxe eine Art Werkzeugkasten würde, aus dem man für die richtige Zielgruppe und die richtige Gelegenheit die passende Spielmethode auswählt.
In diesem Sinne wünsche ich allen Leserinnen und Lesern dieses Buches einen häufigen Anlass, in diese Werkzeug-Spielekiste hineinzugreifen!

Andreas Robra

Kapitel 1

Spiele für den Einstieg

Einführung

Das erste Kapitel enthält Spiele für Multiplikatoren aus vielfältigen Arbeitsfeldern:
Fachkräfte aus Sucht- und Erziehungsberatungsstellen, Lehrer, Erzieher, Mitarbeiter der Kinder- und Jugendarbeit und Eltern.
Es sind Spiele, die keiner besonderen Zielgruppe zugeordnet sind, sondern auf spielerischem Wege allgemein in das Thema „Suchtvorbeugung" einführen sollen.
Die Spielformen sind „Allrounder", d. h. sie sind nicht ausschließlich an das Thema Suchtvorbeugung gebunden, sondern lassen sich – mit einigen Änderungen – leicht auch für andere Themengebiete und Inhalte verwenden.

Phasen einer Präventionsveranstaltung

Für die Gestaltung einer Fortbildung oder einer anderen Veranstaltung zur Suchtvorbeugung hat es sich bewährt, die nachfolgend aufgeführten Phasen einzuhalten. Für die einzelnen Phasen werden beispielhaft geeignete Spiele genannt, die in diesem oder den nächsten Kapiteln beschrieben sind. Welche man auswählt, hängt von dem Inhalt und der jeweiligen Zielgruppe ab. Sicherlich kann man eine solche Veranstaltung nicht ausschließlich über Spiele gestalten.

Vorstellung der Teilnehmer
- Vorstellungs-Würfelspiel

Welche Süchte gibt es?
- Sucht-Einführungsspiel

Was ist Suchtvorbeugung?
- Bergführer-Spiel
- Prioritätenspiel

Nach der Pause: Aufwärmen
- Die sechs Gebärden des Griechischen Theaters
- Roboter

Wie kann ich mein Kind vor Suchtgefahren schützen?
- Was Kinder brauchen
- ABC-Rollenspiel mit Spielanleitung: Vater-Mutter-Nichtraucher
- Was ich alles kann!

Zum Abschied: Entspannung
- Wetter- und Pizzamassage
- Regenmacher
- Luftschwimmen

Wenn sich Fachkräfte zu einer Fortbildung über Suchtprävention anmelden, wenn Eltern einen Elternabend zur Suchtvorbeugung im Kindesalter besuchen, dann tun sie das, weil sie am Inhalt interessiert sind. Doch gerade das Thema „Sucht" und alles, was damit zusammenhängt, ist heikel, ist oft mit eigener Betroffenheit versehen und deshalb mit Behutsamkeit, mit Vorsicht, manchmal mit Angst besetzt. Die Besucher einer solchen Veranstaltung brauchen deshalb am Anfang erst einmal eine vertrauensbildende Maßnahme, um sich wohl und sicher fühlen zu können:

- *Vertrauen in die Kompetenz des Leiters oder Referenten,*
- *Sicherheit darüber, wer alles da ist und ob sie mit ihren speziellen Fragen und Wünschen an die Veranstaltung hier richtig aufgehoben sind.*

Bekommen sie diese Sicherheit nicht, kann eine Blockade bei den Teilnehmern entstehen, und sie sind weniger spontan und aufnahmebereit. Deshalb lohnt es sich unbedingt, die Zeit zum gegenseitigen Anwärmen zu investieren und den Teilnehmern Gelegenheit zu geben, sich ein bisschen zu beschnuppern. Auch für den Leiter und Referenten ist es interessant und wichtig, ein paar Informationen über die Anwesenden zu erhalten, um sie einschätzen zu können. Eine Vorstellungsrunde zu Beginn also? Wie langweilig! Ein Spiel ist da wesentlich besser geeignet!

Das Spiel zeigt den Charakter.
Sprichwörtliche Redensart

Das folgende Vorstellungs-Würfelspiel ist für Seminar- und Workshop-Gruppen gedacht. Bei Informationsveranstaltungen in größerem Rahmen, wie z. B. einem Elternabend, wäre es zu zeitintensiv, doch für solche Gelegenheiten erreicht man mit dem danach beschriebenen Sucht-Einführungsspiel einen ähnlichen Effekt.

Vorstellungs-Würfelspiel

Ein Kennlernspiel, z. B. zum Einstieg in Spiele-Seminare. Die Mitspieler sollten sich noch nicht so gut kennen.
Material: 1 großer (Schaumstoff)-Würfel (1–6 Augen), 1 großer Spielkegel (bunte Papprolle oder irgendein Gegenstand; auch der Würfel selbst ist ausreichend), pro Mitspieler 1 DIN A4-Blatt: Vorderseite mit großem aufgemaltem Kreis, Rückseite leer. Zusammen ergeben die Blätter nun den Spielplan des Vorstellungs-Würfelspiels.
Teilnehmer-Zahl: bis zu 20 Teilnehmer, für Spielrunde 2 (optional) sollten es höchstens 15 sein.
Dauer: ca. 1 Min./Teilnehmer und Spielrunde

Spielregel: Die Mitspieler sitzen in einer Runde und legen ihr Blatt mit der Vorderseite nach oben vor sich auf den Boden. Der Spielkegel steht auf dem Blatt im Kreis des Spielleiters.
Erste Spielrunde: Der Spielleiter beginnt, stellt sich mit Namen vor und sagt noch kurz etwas über sich selbst. Dann würfelt er, bewegt den Kegel im Uhrzeigersinn weiter auf das Feld (= Blatt) eines Mitspielers und dreht sein Blatt um, so dass nun die leere Seite zu sehen ist. Der angespielte Mitspieler stellt sich nun ebenfalls kurz vor (Name und einige wenige weitere Angaben), würfelt, zieht mit der Spielfigur und dreht sein Blatt ebenfalls um. Beim Ziehen werden die leeren Blätter übersprungen, so dass in dieser Runde niemand zweimal drankommt.
Pädagogischer Hinweis: Wenn der Leiter sich ein Bild über die Vorerfahrungen der Teilnehmer zum Thema „Suchtvorbeugung“ machen will, gibt er vor, dass nicht nur die üblichen Angaben wie Alter, Beruf usw. gemacht werden sollen, sondern auch Auskünfte zum persönlichen Bezug zum Seminarthema oder die persönlichen Erwartungen an die folgende Einheit, was gleichzeitig einen gewandten Themeneinstieg ergibt.

Zweite Spielrunde (optional): Sind alle Blätter gewendet, d. h. war jeder einmal dran, drehen alle ihr Blatt noch einmal um, so dass wieder der Kreis zu sehen ist, und die zweite Spielrunde beginnt.
Der Spieler, der zuletzt dran war, würfelt, stellt den Kegel auf das entsprechende Feld eines Mitspielers, spricht ihn mit dem Namen an und darf nun an diesen eine persönliche Frage stellen. Der Gefragte antwortet und darf sein Blatt herumdrehen. Anschließend würfelt er, setzt die Figur und darf nun seinerseits dem von ihm Angespielten eine Frage stellen. Es geht weiter wie in der ersten Runde, an die man natürlich noch weitere Runden, etwa bezogen auf ein spezielles Thema, anschließen kann.

Bei Vortrags- und Informationsabenden ist es angenehm, ein lebendiges Publikum zu haben, das sich auch traut, Zwischenfragen zu stellen. Ein Referent, besonders wenn er sehr redegewandt ist, läuft jedoch leicht Gefahr, seine Zuhörer stumm zu reden. Dadurch verliert er auch die Rückmeldemöglichkeit, ob sein Vortrag die Interessen des Publikums trifft, und es kann am Ende zu beiderseitigen Enttäuschungen kommen.

Hier zeigt die Erfahrung, dass eine kleine Lockerungsübung am Anfang der Veranstaltung keine vertane Zeit ist, wenn sie gleichzeitig ins Thema einführt, wie es das „Sucht-Einführungsspiel" tut.

Das Spiel ist gut geeignet für den Beginn einer Fortbildung, eines Seminars oder eines Vortrags zum Thema „Sucht" bzw. „Suchtprophylaxe": Es überrascht, es bringt die Leute in Bewegung und Kontakt miteinander, es löst Lachen aus und es ist eine wunderbare Brücke mitten ins Thema hinein. Gleichzeitig entlastet es den Referenten davon, ausführlich die meist obligatorischen Fragen zu referieren: Was ist Sucht? – und Was macht süchtig?

Wenn nicht Spiel und Scherzen ein natürliches Vergnügen enthielten, würde nicht eine so heftige Begierde der Menschen nach ihnen streben.
Seneca, Von der Gemütsruhe

Sucht-Einführungsspiel

Material: Viele „Sucht-Wörter“ auf Klebeetiketten (s. nächste Seiten).
Teilnehmer-Zahl: Auch für große Teilnehmerzahlen gut geeignet. Die Teilnehmer brauchen sich nicht zu kennen.
Dauer: 10–20 Min.
Spielregel: Spielleiter klebt allen Teilnehmern eine Sucht per Etikett auf den Rücken. Jeder Teilnehmer soll herausbekommen, was nun „seine“ Sucht ist. Dazu gehen die Teilnehmer im Raum umher und fragen sich gegenseitig nach der Sucht, die sie auf dem Rücken tragen.
Dabei gilt: Es dürfen nur Fragen gestellt werden, die mit Ja oder Nein zu beantworten sind. Pro Person dürfen nur drei Fragen gestellt werden, dann muss man sich jemand anderes suchen. Wer seine Sucht erraten hat, nimmt das Etikett vom Rücken und klebt es sich sichtbar vorn auf die Brust.
Bei den vielen Suchtbegriffen, die üblicherweise nicht mit Drogensucht in Verbindung gebracht werden und bei einer max. Fragedauer von acht bis zehn Minuten werden nicht alle Mitspieler ihre Sucht erraten. Dies kann als Ausgangspunkt für eine nachfolgende Auswertung genommen werden!
Anschließend liest jeder „seine“ Sucht vor und erläutert den anderen, was darunter zu verstehen ist. Der Spielleiter ergänzt hierbei die Aussagen bzw. stellt sie richtig.
Variante: Bei genügend Zeit kann der Spielleiter die Teilnehmer noch vor der Vorleserunde auffordern, sich mit den Süchten zu gruppieren, von den die Teilnehmer glauben, dass sie in einem Zusammenhang stehen. Spielleiter gibt die Kriterien dafür (z. B. stoffgebundene und nicht stoffgebundene Süchte, illegale und legale Suchtmittel, „falsche“ Süchte etc.) allerdings nicht vor.
Es ist sehr interessant, was passiert, wenn der Spielleiter (z. B. bei einem Elternabend im Kindergarten) die Anweisung gibt: Wer glaubt, dass „seine“ Sucht im Kindergarten vorkommt oder vorkommen kann, der stelle sich bitte in diese Ecke! Wer glaubt, dass sie dort nicht vorkommt, möge sich in jene Ecke stellen. Unter „Kindergarten“ seien hier sowohl die Kinder als auch die Eltern und die ErzieherInnen gemeint ...
Pädagogischer Hinweis: Primäres Ziel des Spiels ist die Einführung in einen erweiterten Suchtbegriff, der sich nicht an illegalen Drogen allein orientiert. Das Spiel ist gedacht für Gruppen, die sich für Suchtprophylaxe und die Arbeit in der Suchthilfe interessieren, ohne dabei in dem Thema sehr beschlagen sein zu müssen.

Ansatzpunkte für eine Auswertung:
- Welche Süchte kamen vor?
- Wer hat „seine“ Sucht erraten?
- Welche Schwierigkeiten traten beim Fragen auf (falsche Spuren, falsche Schlüsse ...)?
- Hat jemand eine Überraschung erlebt?

alkoholsüchtig	haschischsüchtig	tobsüchtig	sehnsüchtig	trunksüchtig	habsüchtig
tablettensüchtig	heroinsüchtig	magersüchtig	esssüchtig	naschsüchtig	geltungssüchtig
spielsüchtig	kokainsüchtig	arbeitssüchtig	fernsehsüchtig	rachsüchtig	coffeinsüchtig
nikotinsüchtig	LSD-süchtig	süchtig nach Schnüffelstoffen	schwindsüchtig	konsumsüchtig	blausüchtig

vergnügungs-süchtig	herrschsüchtig	drogensüchtig	prunksüchtig
gelbsüchtig	fallsüchtig	wassersüchtig	eifersüchtig
putzsüchtig	gefallsüchtig	karrieresüchtig	gewinnsüchtig
fettsüchtig	mondsüchtig	sexsüchtig	großmanns-süchtig
beziehungs-süchtig	kaufsüchtig	selbstsüchtig	eigensüchtig
profitsüchtig	profilsüchtig	internetsüchtig	computersüchtig

Eine andere Form bereits bekanntes Wissen über Sucht zutage zu fördern, ist die des Rätsels. Die Wörter sollen nicht nur gefunden, sondern zudem noch kurz erklärt werden.

Das besonders für den Schulbereich geeignete Wörtersuchrätsel lässt dadurch, dass die zu suchenden Begriffe vorher nicht angegeben sind, den Schülerinnen und Schülern genügend Raum für ihre Fantasie ...

Sucht-Suchrätsel

Im Buchstabenviereck verbergen sich 13 Begriffe, die mit Sucht zu tun haben. Sie können waagerecht oder senkrecht, von oben nach unten oder von unten nach oben zu lesen sein, nicht aber diagonal. Findet sie heraus und erklärt sie!

S	E	L	L	T	K	S	P	R	I	T	Z	E
A	E	O	P	H	S	R	L	S	T	O	F	F
N	C	H	T	C	U	V	X	W	H	Z	Y	L
I	S	O	N	U	R	L	H	A	C	I	T	I
K	T	K	B	S	C	O	C	U	U	M	A	H
O	A	L	E	R	U	T	S	G	S	R	B	N
T	S	A	K	E	L	C	A	I	R	T	L	E
I	Y	P	L	T	E	S	H	R	E	Z	E	G
N	A	K	S	U	E	Y	Z	T	F	O	T	O
O	U	C	I	P	A	T	U	K	I	P	T	R
E	T	N	E	M	A	K	I	D	E	M	E	D
L	C	A	K	O	O	H	E	R	O	I	N	U
R	P	U	X	C	E	S	S	S	U	C	H	T

Aus einer Schülerzeitung der Elly-Heuss-Knapp-Grund- und Hauptschule Heilbronn

Lösung:

Alkohol – Computersucht – Drogenhilfe – Ecstasy – Eifersucht – Fresssucht – Hasch – Heroin – Medikamente – Nikotin – Spritze – Stoff – Tabletten

Natürlich kann man ein solches Suchrätsel auch gut selber machen. Denkt euch einfach einige Begriffe aus, die ihr auf ein ähnliches Raster wie oben verteilt. Nun füllt ihr die freien Felder mit beliebigen Buchstaben auf und fertig ist euer persönliches Suchrätsel. Jetzt braucht ihr nur noch eure Rätsel zu tauschen und sie gegenseitig zu lösen …

Falls das Rätsel für alle Schülerinnen und Schüler kopiert wird, die Lösungen nicht mitkopieren.

Wirksame Suchtvorbeugung soll an den Ursachen ansetzen, sie soll ursachenorientiert sein. Doch was sind die Ursachen einer Sucht? Hier herrscht – auch unter Pädagogen – keine Einigkeit!
Zu verbreitet ist noch immer die Vorstellung, dass es nur an mangelnder Information liege oder dass allein die Drogendealer schuld daran sind, dass unsere Kinder einer Sucht verfallen. Dadurch werden sowohl die im Vorwort genannten weiteren Suchtursachen wie auch legale Suchtmittel und die nicht-stoffgebundenen Suchtmittel aus der Vorbeugung ausgeschlossen. Die Verantwortung wird auf Einflussfaktoren abgeschoben, die mit uns nichts zu tun haben, ein Gefühl für die eigene Mitverantwortung oder gar Mitbetroffenheit kommt nicht auf. Daher muss eine Diskussion über Ursachen geführt werden, wobei ein weitgehender Konsens erreicht werden sollte, sonst fehlt die Basis für ein gemeinsames weiteres Vorgehen.
Auf Fortbildungen im Vorfeld eines zu planenden Projektes oder einer Veranstaltungsreihe zum Thema Suchtvorbeugung, bei denen es um das „Wie" von Suchtprävention geht, um zu vermittelnde Inhalte und geeignete Methoden also, hat es sich sehr bewährt, diese Diskussion gleich zu Anfang zu führen. Unterlässt man dies und setzt statt dessen stillschweigend Einvernehmen voraus, wird die Diskussion am Ende der Veranstaltung stattfinden, und alle vorgestellten Methoden werden in Frage gestellt.
Das folgende Prioritätenspiel lässt die Teilnehmer diese Diskussion untereinander führen. Ist sie beendet, ist auch klar, welche Inhalte, welche Methoden und welche Formen von Veranstaltungen für das geplante Projekt geeignet sind und welche eher zweite Wahl sind.

Prioritätenspiel

Material: Formularkopien für jeden Teilnehmer (s. Seite 26). Eventuell ein Blankoformular auf Folie, Folienstift, Overhead-Projektor
Teilnehmer-Zahl: bis 30
Dauer: 30–45 Min.
Spielanleitung: Der Spielleiter verteilt an jeden Teilnehmer ein Formular des Prioritätenspiels. Er liest die angegebenen Suchtursachen vor und klärt Verständnisfragen. Eventuell kommen die Teilnehmer noch auf weitere Ursachen, diese werden dann von allen bei den Buchstaben L bis N eingetragen. Anschließend sollen die Teilnehmer die angegebenen möglichen Suchtursachen nach persönlicher Einschätzung bewerten und nummerieren. Der Kontrollabschnitt soll noch nicht entfernt werden. Dafür haben sie fünf Minuten Zeit.
Anschließend gruppieren die Teilnehmer sich in Kleingruppen von vier bis sechs Teilnehmern und sollen nun gemeinsam ein Formular für ihre Kleingruppe ausfüllen. Ihr gemeinsames Ergebnis übertragen sie auf den Kontrollabschnitt und geben diesen dem Spielleiter. Dieser errechnet aus allen Kleingruppen-Abschnitten den Durchschnitt für die Gesamtgruppe. Falls vorhanden, kann das Endergebnis auf Folie übertragen werden und so allen Teilnehmern präsentiert werden.
Pädagogischer Hinweis: Im dritten Teil befinden sich noch weitere Formularvorlagen, die speziell für die Schule und Einrichtungen der Jugendarbeit gedacht sind.

Prioritätenspiel

Frage: „Welches sind Ihrer Meinung nach die wichtigsten Ursachen von (späterem) Suchtverhalten?"

Aufgabe: Bitte bringen Sie die nachfolgend genannten Antwortvorgaben in die für Sie richtige Reihenfolge. Diejenige Ursache, die für Sie persönlich am wichtigsten ist, bewerten Sie dabei mit einer „1", die am zweitwichtigsten mit einer „2" usw. Verwenden Sie jede Zahl nur einmal.
Übertragen Sie bitte anschließend Ihre Rangfolge auf den Kontrollabschnitt und trennen Sie diesen ab.

Kontrollabschnitt	Bitte erst diesen Abschnitt ausfüllen!
A ❍	❍ A : schlechter Freundeskreis
B ❍	❍ B : schlechte Familienverhältnisse,
C ❍	❍ C : Vorbild der Eltern
D ❍	❍ D : Überforderung in Kindergarten/ Schule/ Ausbildung/ Beruf
E ❍	❍ E : Vorbild von Erziehern, Lehrern und anderen erwachs. Bezugspersonen
F ❍	❍ F : fehlendes Selbstwertgefühl
G ❍	❍ G : Werbung
H ❍	❍ H : „süchtige" Gesellschaft
I ❍	❍ I : schlechte Wohngegend
J ❍	❍ J : fehlende Informationen über die Gefahren von Suchtmitteln
K ❍	❍ K : ....
L ❍	❍ L : ....
M ❍	❍ M : ....

A) Kontrollabschnitt zur Auswertung bitte abtrennen und abgeben.

Nach: Ulrich Baer: „Prioritätenspiel". Remscheider Diskussionsspiele, Robin-Hood-Versand.

Informationsveranstaltungen, die Wissen über Sucht und ihre Entstehungszusammenhänge liefern und in denen erste Handlungsansätze vermittelt werden, sind gut und wichtig. Wie jedoch gerade diese Schule, dieses Jugendhaus, diese Jugendgruppe, dieser Kindergarten, dieser Hort oder diese Familie Suchtvorbeugung betreiben kann, bleibt vorerst der Fantasie der Teilnehmer überlassen.

Wird Suchtvorbeugung ernst gemeint, darf sie sich nicht auf die Durchführung von speziellen Veranstaltungen beschränken, sondern muss auch den normalen Alltag auf suchtfördernde bzw. suchthemmende Elemente hin überprüfen:

Wie steht es etwa bei einer bestimmten Einrichtung mit dem Alltagsbetrieb, mit dem Konsum legaler Genuss- und Suchtmittel, einer vorhandenen Hausordnung, Vorbildwirkungen der Verantwortlichen, dem nichtpädagogischen Personal wie Hausmeister, Reinigungskräften, der Architektur, möglichen Freiräumen, usw.?

Das Bergführer-Spiel ist eine effektive und humorvolle Möglichkeit, die innere Struktur auf vorhandene und noch zu schaffende Schutzfaktoren gegenüber Sucht hin abzuklopfen.

Bergführer-Spiel („Mephisto-Methode")

Material: große Papierbögen, dicke farbige Stifte
Teilnehmer-Zahl: 5–20
Dauer: nach Teilnehmer-Zahl und Thema ca. 20–90 Min.
Pädagogischer Hinweis: Das Spiel dient dazu, Ressourcen und Missstände in Einrichtungen (z. B. im Jugendhaus, im Heim, im Kindergarten, in der Schule, im Krankenhaus etc.) und bei Projekten den dortigen Mitarbeitern aufzuzeigen. Es lehnt sich an das „Bergführer-Spiel" an, bei welchem die Mitspieler überlegen sollen, was bei der Planung und Durchführung einer Bergtour zu beachten wäre, um möglichst *wenige* Teilnehmer heil oder überhaupt wieder vom Berg herunterzubringen.
Spielregel: Die Teilnehmer teilen sich in Kleingruppen von max. sechs Personen auf. Es ist für den weiteren Ablauf hilfreich, wenn die Kleingruppen mit Mitarbeitern aus derselben Einrichtung oder demselben Arbeitsteam besetzt sind.
Runde 1: Die Teilnehmer überlegen, was alles in ihrer Einrichtung geschehen müsste, damit möglichst *viele* Besucher/Kinder/Patienten etc. eine Sucht entwickeln werden oder auch süchtig bleiben (z. B. schrankenloser Alkoholausschank, keinerlei Rauchverbote, Personal konsumiert alles durcheinander, fades Programm ...). Jeder auch noch so fantastische Einfall ist erwünscht. Die Kleingruppen dokumentieren ihre Ideen auf den Papierbögen.
Danach wird in den Kleingruppen überlegt, was denn in der jeweiligen Einrichtung bereits jetzt schon – so oder ähnlich – Wirklichkeit ist. Diese Merkmale werden farbig markiert.
Das Ergebnis kann in einer Auswertungsrunde im Plenum vorgestellt werden.
Runde 2: In den Kleingruppen wird überlegt, wie die jeweilige Einrichtung aussehen müsste, damit sie statt dessen möglichst hochgradig suchtpräventiv wirken könnte. Wieder wird – mit einer anderen Farbe – markiert, was in der Einrichtung bereits jetzt schon verwirklicht ist.

Die Ergebnisse werden nun im Plenum vorgestellt und besprochen. Gemeinsam wird diskutiert, wie die suchtfördernden durch suchtvorbeugende Merkmale ersetzt werden könnten.
Nach einer Pause erarbeiten die Mitarbeiter derselben Einrichtung Aktionspläne, wie eine positive Entwicklung schrittweise eingeleitet werden kann.
Eventuell können die Aktionspläne auch wieder im Plenum vorgestellt werden.

Kapitel 2

Aufwärm- und Entspannungs- übungen

Einführung

O Gott, mein Herz ist bereit: ich will singen und spielen; wach auf meine Seele
Psalm 108:2

Ganz am Anfang, nach den Pausen oder immer dann, wenn die Gruppe einen kleinen Schubser braucht, sind Aufwärmspiele angebracht. Bringen Sie die Teilnehmer bei einer Veranstaltung in Bewegung und zwar geistig wie auch körperlich, und bringen Sie sie zum Schmunzeln: Die Stimmung ist auf einmal wie verwandelt. Ein gemeinsames Lächeln oder Lachen lässt auch ein so schwieriges und wenig lustbetontes Thema wie Sucht plötzlich ganz anders aussehen. Aufwärmspiele können Sie demnach als Werkzeuge zur Gestaltung des Gruppenklimas und zur Förderung der Aufmerksamkeit einsetzen.
Auch Entspannungsübungen können Sie dazu einsetzen, das Gruppenklima positiv zu beeinflussen. Spannung abzubauen hat aber darüber hinaus einen direkten Bezug zur Suchtprävention! Denn das Bedürfnis, Spannungen abzubauen, sich ent-spannen zu wollen, ist ein häufiger Grund für den Missbrauch von Suchtmitteln: Ärger wird „weggeschluckt", Stress wird „weggedrückt" oder äußert sich in Gewalt und Aggression, nach außen oder nach innen.
Doch was bleibt einem auch anderes übrig, wenn keine alternativen Verhaltensweisen bekannt sind?
Insofern ist das Erlernen von Entspannungsmöglichkeiten ein wichtiger Bestandteil moderner Suchtprävention. Möglichkeiten dazu ergeben sich schon sehr früh.

Spiele, damit du ernst sein kannst. Das Spiel ist ein Ausruhen, und die Menschen bedürfen, da sie nicht immer tätig sein können, des Ausruhens.
Anacharsis

Spielen allein ist oft schon Entspannung vom Alltag! Um so mehr können dies genussorientierte spielerische Entspannungsübungen sein!
In Lernsituationen aber, und erst recht in der Schule, wird diese Regel leider noch immer viel zu wenig angewandt. Als Begründung wird dann oft eine Situation wie diese beschrieben:
„Ich habe schon mal eine Entspannungsübung ausprobiert, gerade mit einer Klasse, die es eigentlich nötig hätte, sich zu entspannen und ruhig zu werden. Aber das ging dann sowas von daneben, dass ich es nicht noch mal gewagt habe ..."
Bei einer Klasse oder Gruppe, die gewohnheitsmäßig unruhig ist, darf man bei einer ersten Entspannungsübung keine Wunderdinge erwarten. Der Schlüssel zum Glück liegt m. E. in der häufigen Wiederholung, in der Ritualisierung von Entspannungsübungen. Bleiben wir beim Beispiel Schule:
Für Schüler ist das gemeinsame Entspannen und Meditieren etwas völlig Ungewohntes, geradezu Peinliches, auf das sie meist nur mit Kichern und witzigen Bemerkungen reagieren können. Auch mit Erwachsenen kann man solche Erfahrungen machen. Darauf sollte man gefasst sein und sich dabei vor Augen halten, dass es einem Großteil der Klasse wahrscheinlich gelingt, dennoch eine neue und angenehme Erfahrung zu machen – wenn dies auch kaum einer zugeben wird.
Doch kann man auf diese Erfahrungen beim zweiten Mal schon aufbauen, und sie fürs dritte Mal festigen. Mit der Zeit wächst das Vertrauen der Klasse

in Sie als Traum-Reiseführer, und die Schüler merken, dass sie mit Ihnen an ganz wunderbare Orte des Wohlgefühls gelangen können, wenn sie sich darauf einlassen.
Ist man selber noch Laie bzw. Anfänger in Sachen Entspannungsübung, sollte man sich für die ersten Versuche eine Klasse heraussuchen, die es „eigentlich nicht so nötig hätte", d. h., die ohnehin ruhiger ist. Und man sollte mit einer einfachen, „niedrigschwelligen" Übung beginnen, die eher den Zweck hat, das Ritual der Entspannung einzuführen. Just a Minute und die Wetter- und Pizzamassage, insbesondere die beiden Varianten, oder das Luftschwimmen sind als Einstieg recht gut geeignet.
Sind Entspannungsübungen zur Gewohnheit geworden, können sich Schüler auch auf das Genießen einlassen. Entspannung wird auf einmal als lustvoll empfunden, und sie wird nachgefragt.

Die hier vorgestellten Spiele sind schnell vorgestellt, pfiffig und brauchen kein Material.

Aufwärmspiele

Die sechs Gebärden des Griechischen Theaters

Ein Warming-Up-Spiel nicht nur für Amphitheater

Sechs Übungen, die nach Anleitung des Spielleiters von allen Mitspielern ausgeführt werden:

1. Das Unnütze: Durch den Raum gehen und Arme und Beine von sich schlenkern, als ob man Wassertropfen von sich schleudern wollte.
2. Im Schoße der Erde: Im Raum verteilt in sich zusammensinken, Arme und Hände um sich schließen, sich in sich einkuscheln. Kurz verharren. Mehrmals wiederholen.
3. Die Klarheit: Bedächtig auf Dinge oder Personen zeigen; mit Händen pantomimisch Grenzen und Wände andeuten.
4. Die Quelle in mir: Bewegung der Hände aus der Körpermitte heraus (als wenn man seinen Bauch in eine Händeschale nähme) auf einen Mitspieler zu.
5. Die 1000 Möglichkeiten des Lebens: Durch den Raum eilen und auf all das zeigen, was man noch alles erledigen muss, was man versäumt hat, was einem sonst noch alles einfällt.
6. „Ich stehe zu mir": Aufrecht und gerade stehen, die waagrecht gehaltenen Hände aus Brusthöhe seitlich am Körper nach unten führen: „Ich stehe zu mir!" Mehrmals wiederholen.

Regenmacher

Material: –
Teilnehmer-Zahl: ab 10
Dauer: 5–10 Min.
Spielregel: Der Spielleiter beginnt und gibt eine bestimmte Geräuschbewegung vor. Diese wird reihum im Kreis weitergegeben, bis sie wieder beim Spielleiter angelangt ist. Dann gibt der Spielleiter die nächste Bewegung vor. Während eines Umlaufs wird die Bewegung von allen Mitspielern, die sie schon erreicht hat, beibehalten.

1. Hände reiben kreisförmig aufeinander
2. Fingerschnipsen
3. Hände klopfen auf die Oberschenkel
4. Hände klopfen auf die Oberschenkel und die Füße stampfen auf den Boden
5. Hände klopfen auf die Oberschenkel
6. Fingerschnipsen
7. Hände reiben kreisförmig aufeinander
8. Stille, bis die 7. Bewegung ganz verklungen ist.

Pädagogischer Hinweis: Um dem Spiel seine dichte Atmosphäre zu geben, ist es wichtig, die Bewegungen langsam weiterzugeben, so dass die imitierten Geräusche allmählich an- und abschwellen können. Auch sollte während des Spiels nicht gesprochen werden.

Roboter

Material: evtl. Musik „Wir sind die Roboter" von Kraftwerk, o. Ä.
Spielregel: Die Teilnehmer gehen zu dritt zusammen. Einer davon ist der „Ingenieur", die anderen beiden sind „Roboter". Die Roboter stehen zu Beginn des Spiels Rücken an Rücken zusammen. Nach einer sanften Berührung des Ingenieurs setzen sie sich in Bewegung. Roboter laufen nach dem Einschalten immer stur geradeaus, bis sie an ein Hindernis stoßen, vor dem sie dann stehen bleiben. Nach einer kurzen Berührung auf die rechte Schulter schwenken sie um 90 Grad nach rechts, bei einem Schlag auf die linke Schulter schwenken sie um 90 Grad nach links.
Aufgabe des Ingenieurs ist es, die beiden Roboter „in Front" zusammenzubringen.
Anschließend Rollenwechsel; jeder Teilnehmer sollte einmal Ingenieur gewesen sein.
Variante 1: Die Roboter laufen im „Schnellgang".
Variante 2: Die Roboter dürfen auch von fremden Ingenieuren bedient werden.
Nach: Roboter-Spiel aus Ulrich Baer: „666 Spiele".

Kopf und Schultern …

Material: –
Teilnehmer-Zahl: ab 8
Dauer: 5 Min.
Spielregel: Die Teilnehmer stehen im Kreis. Der Spielleiter und die Mitspieler singen zusammen folgendes Lied und bewegen sich dazu:
„Kopf und Schultern, Knie und Füß', Knie und Füß'"
(dabei mit beiden Händen entsprechend Kopf, Schultern, Knie und Füße berühren)
Zwei Augen, zwei Ohren, die Spitze meiner Nase."
(Auf Augen und Ohren deuten, Nasenspitze mit beiden Händen lang ziehen)
Die Strophe wird immer wieder wiederholt und die Bewegungen dazu gemacht. Allerdings wird von Strophe zu Strophe immer eine weiteres Körperteil nicht mehr gesungen, sondern nur noch die Bewegung dazu gemacht, bis auch die Nasenspitze nur noch pantomimisch angedeutet wird.

Kreisläufer

Material: evtl. rhythm. Musik
Teilnehmer-Zahl: durch zwei teilbar
Dauer: unter 5 Min.
Spielregel: Der Spielleiter und die Teilnehmer bewegen sich im Raum zur Musik. Ist keine Musik vorhanden, stampfen alle mit den Füßen im Takt, den der Spielleiter vorgibt. Währenddessen soll sich jeder Mitspieler gedanklich eine Person auswählen. Denn sobald die Musik stoppt (oder der Spielleiter mit Stampfen aufhört), sollen die Teilnehmer sofort die von ihnen ausgewählte Person dreimal umkreisen.
Pädagogischer Hinweis: Nur in großen Räumen spielbar.

Entspannungsübungen

Just a Minute

Material: Stoppuhr
Teilnehmer-Zahl: bis Schulklassengröße
Dauer: unter 5 Min.
Spielregel: Der Spielleiter lässt die Teilnehmer aufstehen und sagt ihnen, sie sollen sich nach Gefühl in möglichst genau einer Minute wieder hinsetzen. Der Spielleiter überprüft mit Hilfe einer Stoppuhr die Zeit und nennt am Ende diejenigen, die am besten (+/- 5 Sekunden) geschätzt haben.
Variante 1: Die Teilnehmer stellen sich ca. drei Meter vor einer Wand auf. Nach dem Startzeichen sollen sie in exakt einer Minute (Stoppuhr!) mit der Hand die Wand berühren.
Variante 2: Der Spielleiter unterbricht seinen Vortrag abrupt für eine Minute und schweigt. Die Teilnehmer sollen anschließend schätzen, wie lange die Schweigezeit gedauert hat.
Pädagogischer Hinweis: Die Übung eignet sich gut zur Hinleitung ungeübter Gruppen zu Entspannungsübungen.

Wetter-Massage

Material: Je Gruppe eine Decke
Teilnehmer-Zahl: Kleingruppen mit 4–6 Mitspielern
Dauer: 10–30 Min.
Spielregel: Einer legt sich bäuchlings auf die Decke, die anderen knien sich darum herum und massieren ihn sanft und gleichmäßig: Nieselregen (Fingerspitzentrommeln), dicke Tropfen (mit Zeige- und Mittelfinger klopfen), Schauer (mit Händen kräftig von oben nach unten streichen), Sturm (leicht hin- und herrollen), wärmender Sonnenschein (Hände flach auflegen), Tauwetter (abstreifen). Jeder sollte drankommen!

Aus: Ulrich Baer: „666 Spiele". Robin-Hood-Versand, Remscheid

Pizza-Massage

(ähnlich wie die „Wetter-Massage")
Auf dem Rücken des zu Massierenden wird eine „Pizza" zubereitet.

- Das Backbrett mit Mehl bestäuben (mit beiden Händen kurz über den gesamten Rücken streichen).
- Einen Haufen Mehl in die Mitte setzen und mit Wasser, Salz und Hefe verkneten (Rücken ordentlich durchmassieren).
- Den Teig auswellen (mit breiten Händen den Rücken fest hinauf- und hinunterfahren) und nach Geschmack belegen, z. B. mit Tomatensauce, Zwiebelringen, Salamischeiben, Oliven, Artischockenherzen ... (die Belegart mit Handflächen und Fingerspitzen andeuten. Kitzeln unbedingt vermeiden!)
- Die fertig belegte Pizza in den Ofen schieben und backen (mit beiden Handflächen leicht und stetig über den gesamten Rücken streichen, so dass ein Wärmegefühl entstehen kann).
- Die fertig gebackene Pizza aus dem Ofen nehmen und portionsweise zuschneiden (mit der Handkante längs und quer über den Rücken fahren).
- Allseits „Guten Appetit!" wünschen.

Varianten für Wetter- und Pizzamassage

Variante 1: Partnerübung: Mitspieler 1 und Mitspieler 2 sitzen hintereinander auf Stühlen, ohne eine Lehne zwischen sich zu haben. Mitspieler 2 massiert nach Anleitung des Spielleiters den Rücken von Mitspieler 1. Anschließend Partnerwechsel.
Variante 2: Kollektivmassage: Bei genügend Teilnehmern sitzen alle hintereinander im Kreis und massieren sich den Rücken gleichzeitig. Da man sich dabei jedoch weder auf den Partner, den man selbst massiert, noch auf den Genuss des Massiertwerdens richtig konzentrieren kann, sollte auf diese Variante nur bei Zeitdruck zurückgegriffen werden und wenn es darum geht, diese Massage-Art einmal vorzustellen.

Luftschwimmen

Eine Streckübung

Material: –
Teilnehmer-Zahl: beliebig
Dauer: 5 Min.
Spielregel: Die Mitspieler stellen ihre Füße schulterbreit auf. Der Spielleiter erklärt, alle tauchten gerade in einer gallertartig festgewordenen Luft und wollten nun an die Oberfläche hinaufschwimmen. Dazu werden die Arme geschlossen nach oben gestreckt (ausatmen!) und dann lang gestreckt an der Seite nach unten bewegt (einatmen!). Dabei noch größer werden. Einige Male wiederholen.

Fliegender Teppich

Material: Decken oder Matten für die Teilnehmer, 1 Luftballon, evtl. passende orientalische Musik, z. B. „From Egypt" von der CD „Powaqqatsi", später tropisches Vogelgezwitscher, Kassettenrecorder mit zwei Laufwerken
Teilnehmer-Zahl: bis Klassenstärke
Dauer: 10–15 Min.
Pädagogischer Hinweis: Eventuell lässt sich die Übung auch mit dem Abenteuer in der Pyramide im fünften Teil verbinden.
Spielregel: Alle bis auf den Spielleiter legen sich in bequemer Lage auf ihre Matten. Schuhe sollen ausgezogen werden. Der Spielleiter gibt folgende Anweisungen:
„Ich möchte Euch heute auf eine Traumreise mitnehmen. Legt euch so hin, dass ihr es bequem habt und eine Weile so liegen bleiben könnt. Schaut, was euer Atem macht und lasst ihn einfach fließen.
Stellt euch vor, ihr seid in einer orientalischen Stadt. (Orientmusik leise einsetzen und langsam lauter werden lassen.) *Ihr kommt auf den Basar und schaut euch um … Menschen in wallenden Gewändern sind um euch, Männer mit Turbanen, verschleierte Frauen … Mal riecht es nach Ziegen, Eseln und Kamelen, mal nach fremdartigen Gewürzen oder nach teuren Parfümölen …*
Ein Teppichhändler bittet euch in seinen Laden. Ihr lasst euch auf einem ganz besonderen Teppich nieder. Denn dieser soll ein fliegender Teppich sein. Der Teppichhändler lädt euch zu einem Probeflug ein.
Ihr legt euch ganz bequem hin, der Händler murmelt ein paar seltsame Worte und plötzlich merkt ihr, wie ihr immer leichter werdet … Beine … Arme … der Kopf … der ganze Körper … wird immer leichter … und tatsächlich hebt der Teppich mit euch ab, steigt in die Luft, gleitet aus dem Laden hinaus, über den Basar, über die Dächer (Musik ganz langsam ausblenden) *und Minarette der Stadt – hinaus in die Wüste. Noch*

begleitet euch ein Flusslauf, doch auch der verliert sich. Ihr seht Sand und Steine, mal eine Karawane, mal eine Oase, dann wieder Wüste … Schließlich seht ihr am Horizont einen dunklen Streifen. Ihr kommt näher und ihr erkennt einen Wald, viele Bäume – ein dampfender Dschungel mit himmelhohen Baumriesen, Lianen, Orchideen (tropisches Vogelgezwitscher langsam einblenden). *Der Teppich kreist eine Weile über dem Urwald und landet schließlich ganz sanft auf einer Lichtung.*
Nachdem der Teppich gelandet ist, merkt ihr, dass ihr wieder schwer werdet. Ihr spürt wieder euer Gewicht, wie es auf den Teppich unter euch drückt. Ihr streckt eure Arme aus, ebenso die Beine, räkelt euch einmal richtig, schickt das Blut kraftvoll bis in eure Finger- und Fußspitzen. Wie ihr so die geheimnisvollen Geräusche des Dschungels hört, werdet ihr neugierig und steht von eurem Teppich auf (alle stehen auf).
Ihr streckt und reckt euch noch einmal in alle Richtungen – aber vorsichtig ohne die nebenstehenden Bäume zu berühren – und macht euch auf den Weg, den Dschungel zu erforschen.
(Der Spielleiter begibt sich nun mit den Teilnehmern auf den Weg durch den Dschungel, läuft mit ihnen mit und macht alle Bewegungen vor.)
Auf der Lichtung läuft es sich ganz gut (normal gehen). *Aber gleich dahinter beginnt ein Sumpf, durch den wir hindurchwaten* (Hosenbeine hochkrempeln und große schleppende Schritte machen). *Am anderen Ende des Sumpfes versperrt uns ein kleiner Bach den Weg, aber wir waten einfach mal hindurch* (waten). *Am Ufer schütteln wir uns die Füße trocken* (Füße trocken schütteln) *und gehen weiter. Doch hier sind lauter spitze Steine und Dornen* (vorsichtig auf Zehenspitzen gehen), *und nun kommt auch noch glühend heißer Sand* (schnell auf Zehenspitzen springen).
Der Weg wird immer schlimmer, denn hier ist der Dschungel am dichtesten, und wir müssen uns mühsam den Weg hindurch bahnen (gebückt mühsam den Weg bahnen). *Doch unsere Mühe wird belohnt: auf einmal stehen wir wieder auf einer Lichtung, und inmitten dieser Lichtung erhebt sich eine gewaltige Steinpyramide* (Pyramide in die Luft zeichnen, und zu den folgenden Worten langsam um die angedeutete Pyramide = Raummitte herumgehen). *Ureinwohner müssen sie vor vielen hundert Jahren gebaut haben. Der Dschungel hat sie überwuchert. Wir sind offensichtlich die ersten Menschen, die sie nach all den Jahren betreten werden. Da ist schon der Eingang … ganz zugewuchert … hier ist ein Gang … er wird immer niedriger!* (Tropisches Vogelgezwitscher langsam ausblenden.)
Stellt euch in einer Reihe auf (evtl. der Größe nach), *geht alle auf die Knie, und fasst eure Vorderleute an die Fußknöchel* (Spielleiter an der Spitze). *Wir dringen immer tiefer in die Pyramide ein* (ein paar Meter auf allen Vieren fortbewegen), *bis wir uns plötzlich in einem großen Raum befinden und aufstehen können* (alle stehen auf). *Der Raum ist von einem fahlen Schein erhellt, niemand weiß woher. In der Mitte ist eine Erhebung, ein Altar, und darauf steht ein Schrein, eine gewaltige Kiste. Vielleicht ein Schatz? Wir heben die Kiste herunter* (der Spielleiter hebt zusammen mit einem Mitspieler die Kiste herunter und öffnet sie). *Oh, was ist denn da alles drin!?"*
Der Spielleiter holt einen Gegenstand, z. B. einen Ball bzw. eine „goldene Kugel", aus der Kiste, erklärt ihn pantomimisch, gibt sie im Kreis herum und lädt dann einen anderen Mitspieler ein, ebenfalls etwas aus der Kiste zu holen. Bei bis zu zehn oder zwölf Mitspielern darf jeder einen Gegenstand aus der Kiste holen, bei mehr Mitspielern am besten nicht alle, sonst dauert das Spiel zu lange.

Um das Spiel zu beenden, zaubert der Spielleiter aus der Kiste (aus seiner Hosentasche, noch während des Spiels heimlich in die Hand nehmen) *einen leibhaftigen und tatsächlichen Luftballon hervor, bläst ihn auf, lässt ihn platzen und sagt: „Dieser Frevel hat uns mit einem Donnerschlag an den Ort zurückkehren lassen, von dem das Abenteuer seinen Ausgang nahm …"*

Für die folgenden Entspannungsübungen sollten die teilnehmenden Jugendlichen schon etwas „entspannungstrainiert" sein, also z. B. die bisher beschriebenen Übungen gemacht und daran Gefallen gefunden haben.

Stein-Meditation

Material: Pro Teilnehmer ein schöner Stein, von den Teilnehmer selbst gefunden oder mitgebracht, oder vom Spielleiter ausgewählt
Teilnehmer-Zahl: bis Klassenstärke
Dauer: 5–10 Min.
Spielregel: Auf Anleitung des Spielleiters legen alle den Stein in den Schoß und betasten ihn mit geschlossenen Augen. Der Spielleiter gibt langsam einige Anregungen:
Was für Formen, Windungen, Höhlungen und Erhebungen der Stein hat! Ist er glatt, rau oder rissig? Welche Farbe hatte er noch mal? (Nicht nachschauen!) Ist er gemasert, gefleckt oder anders gemustert? Riecht er eigentlich nach etwas? Wie ist er wohl aus Lava zu eben diesem Stein geworden? Was hat er inzwischen schon alles mitgemacht? Wo war er vorher? Wer hat ihn schon mal berührt?
Pädagogischer Hinweis: Probieren Sie nach dieser Meditation einmal die Schamanistische Steinbetrachtung, die in der Gesundheitsrallye in Kapitel 5 beschrieben ist!

Meer-Meditation

Material: evtl. Meeresrauschen aus der Tonkonserve
Teilnehmer-Zahl: bis Klassenstärke
Dauer: 10–15 Min.
Spielregel: Die Teilnehmer sitzen oder liegen entspannt und schließen die Augen. Der Spielleiter macht folgende Eingabe:
Stellt Euch einen Strand am Meer vor mit warmem, weichem Sand. Vielleicht erinnert ihr euch auch an einen solchen. Du stellst dir vor, wie du dich in den Sand legst, direkt ans Wasser, die Füße zeigen zum Horizont.
Eine lange sanfte Welle kommt vom Meer herangerollt und bricht sich am Strand.
Während du einatmest, umspült sie dich bis hinauf zum Hals. Atme ein, was sie dir gibt: Wärme, Zärtlichkeit, Reinigung, Entspannung, Heilung oder Energie.
Wenn du ausatmest, weicht sie wieder zurück ins Meer. Lass die Welle alle deine Spannungen mit hinaus in den Ozean tragen.
Wieder kommt eine Welle und spült ihr Wasser bis zu deinem Hals und Haaransatz hinauf usw.

Weitere Entspannungsübungen

Material: Stuhl oder Decke/Teilnehmer, evtl. Entspannungsmusik
Teilnehmer-Zahl: ab einem Mitspieler
Dauer: ab 5 Min.
Spielregel: Fünf Minuten Zeit nehmen, sich bequem auf einen Stuhl setzen oder hinlegen, und die Augen schließen.
Variante 1: Atme mit leicht geöffnetem Mund ein und aus. Stelle dir vor, du würdest eine atembare Flüssigkeit einatmen. Spüre, wie sie durch den Mund hineinströmt, den Rachen hinunter die Lungen füllt. Spüre, wie sich dein Bauch dabei ausdehnt, und wie er beim Ausatmen wieder kleiner wird. Die Luft strömt aus den Lungen wieder zum Rachen hinaus, streift warm über die Zunge. Du atmest wieder ein, wie ein Blasebalg wirst du voll und prall und wieder leer. Finde dabei deinen eigenen Rhythmus.
Variante 2: Mache in Gedanken einen Spaziergang durch den ganzen Körper. Beginne bei den Fußspitzen, Fußsohlen, Fußrücken, Unterschenkeln usw. bis zum Kopf hinauf. Atme in Gedanken in jeden Körperteil hinein und stelle dir vor, wie er sich beim Einatmen entspannt.
Variante 3: Zähle langsam von 100 bis 0. Atme bei jeder neuen Zahl aus.
Variante 4: Spaziere in deiner Fantasie barfuß durch eine blühende Sommerwiese. Schaue dir jede Blume genau an, entdecke die verschiedenen Farben, die Staubgefäße usw. Atme in Gedanken den Duft der Blüten ein.
Nach: „!LOOK 1/95“, Jugendmagazin der BARMER Ersatzkasse

Kapitel 3

Suchtvorbeugung von Anfang an

Suchtprävention in Elternhaus, Kindergarten und Grundschule

Einführung

Suchtvorbeugung soll früh beginnen! Aber wie früh eigentlich? Je früher, desto besser! Denn bereits schon ab dem Säuglingsalter werden beim Kind, aber mehr noch bei den Eltern Verhaltensmuster eingeübt, die einen Vorgriff darauf bedeuten können, wie das Kind als Jugendlicher oder Erwachsener mit Krisen und Belastungen, aber auch mit seinen Bedürfnissen umgeht.
Ein Beispiel:
Für junge Eltern ist es eine zigmal am Tag vorkommende Erscheinung: das Baby schreit. Gründe kann es dafür viele geben: Es hat Hunger, es hat Durst, es muss gewickelt werden, ihm ist langweilig, ihm ist zu kalt oder zu warm, es möchte Zuwendung oder ihm ist einfach nur nach Schreien zumute – ein Baby hat als Äußerung für sein Bedürfnis, dass es an seiner momentanen Situation etwas ändern möchte, nur die Form des Schreiens. Manche Eltern reagieren nun jedoch nicht mit der Überlegung, welches wohl der wahrscheinlichste Grund für das Schreien ist, sondern geradezu reflexartig mit der Formel S-F-K: Schnuller, Fläschchen oder Keks. Ein wie immer auch geartetes Bedürfnis (die obige Aufzählung ist ja keineswegs abschließend) wird so beantwortet, als ob Schreien grundsätzlich der Wunsch nach oraler Befriedigung wäre. Dem Kind wird der Mund gestopft. Dabei ist es bei Eltern, die regelmäßige Still- und Essenszeiten beim Kind einhalten (und die meisten Eltern tun dies) relativ unwahrscheinlich, dass das Kind wegen Hunger oder Durst schreit. Dennoch wird so reagiert. Das wohl wahrscheinlichere Bedürfnis, nämlich der Wunsch nach Kontakt, nach Nähe und Zärtlichkeit, wird statt dessen mit einem Ersatzstoff zu befriedigen versucht.
Noch ein Beispiel:
Ein Junge, fünf Jahre alt, spielt draußen im Garten, fällt hin, schlägt sich das Knie auf, rennt zum Papa und weint. Für den Papa gibt es nun zwei Möglichkeiten:

- Er nimmt seinen Sohn auf den Schoß und in den Arm (gibt ihm Trost und Geborgenheit), bekräftigt ihn darin, dass das ja wirklich eine schlimme Verletzung ist (nimmt ihn ernst), bläst auf das aufgeschlagene Knie (lindert den Schmerz), säubert nach angemessener Trostphase die Wunde und klebt ihm ein schickes Pflaster mit einem Comicbildchen aufs Knie (erste Hilfe und Auszeichnung für ertragene Schmerzen).
  Oder:
- Er ist wegen des Geheules dieses Jammerlappens völlig genervt, schimpft ihn wegen kaputtgegangener Hose und Ungeschicklichkeit aus, und lenkt ihn bei weiterem Geplärre mit einem Stück Schokolade oder dem Einschalten des Fernsehers ab.

Der akustische Effekt ist wohl in beiden Beispielen derselbe: der Junge wird aufhören zu weinen. Doch ist im zweiten Beispiel gegenüber dem ersten etwas völlig anderes passiert. Denn hier hat der Vater nicht dem wirklichen

Bedürfnis des Jungen entsprochen, sondern hat ihn geradezu abgespeist! Der Junge hat dabei gelernt, dass er sich sozusagen auf Knopfdruck gute Gefühle zaubern kann.
Nun wird es in vielen Familien so sein, dass die Eltern nicht immer adäquat auf die Bedürfnisse ihrer Kinder reagieren (können) – schließlich haben sie ja auch selber welche. Dies ist jedoch nicht weiter schlimm, wenn einem Kind grundsätzlich das Gefühl vermittelt wird, dass es von seinen Eltern geliebt und ernst genommen wird, dass die Eltern für es da sind.
Doch da, wo Bedürfnisse von klein auf mit Ersatzhandlungen oder -stoffen befriedigt werden, kann dies vom Kind her so weit verinnerlicht werden, dass es dies für normal und richtig erachtet und irgendwann schon gar nicht mehr erwartet, dass jemand auf sein Schreien mit Zuwendung reagiert. Hier liegt die Wahrscheinlichkeit nahe, dass das Kind, auch wenn es älter ist, versuchen wird, Unwohlsein, Schmerzen, Belastungen und Krisen mit Ablenkung, Stoffen oder Ersatzhandlungen zu befriedigen.

Dieser Vorspann zum Kapitel Frühe Suchtvorbeugung soll nun nicht den Mythos stützen, an allem Unglück, was die Kinder trifft, (und insbesondere bei Suchtproblemen) seien ja doch nur die Eltern schuld!
Wie bereits eingangs ausgeführt, ist ein ganzes Bündel von Ursachen dafür verantwortlich, ob jemand süchtig werden wird oder nicht. Freilich leisten die Eltern dabei einen wichtigen Beitrag!
Dies ist aber auch eine Chance, denn über die Arbeit mit Eltern lässt sich in Bezug auf Scuhtvorbeugung viel erreichen!
Elternarbeit ist damit ein wesentlicher Teil von Suchtprävention gerade der frühen Kindheit bis weit in das Grundschulalter hinein. Wir wollen in diesem Kapitel deshalb viele Facetten spielerischer Methoden kennen lernen, die mit Müttern und Vätern gut spielbar sind.
Aber auch andere Bereiche kindlicher Sozialisation wie Kindergarten und Grundschule werden berührt.
(Weitere Ideen zur suchtpräventiven Elternarbeit finden Sie u. a. in der Bausteinsammlung „Eltern stark machen“, die von der Aktion Jugendschutz in Baden-Württemberg herausgegeben wird; s. Literatur).

Zunächst aber einmal einige Tipps aus der Praxis zu einer erfolgreichen Organisation der wohl häufigsten Form der Elternarbeit: des Elternabends.

Tipps für erfolgreiche Veranstaltungen mit Eltern zu Themen der Suchtvorbeugung

Vorbereitung:

⇒ Werden Sie sich klar über die Ziele der Veranstaltung:
- Welche Eltern will ich ansprechen?
- Welche Inhalte will ich vermitteln?
- Welche Methoden sind dafür geeignet? (Vortrag, Gesprächsabend/Diskussion, Film, Spiele ...)
- Was soll nach der Veranstaltung anders sein als vorher?

⇒ Soll der Abend mit einem Fremdreferenten durchgeführt werden:
- Treffen Sie die Auswahl am besten über Referenzen anderer Veranstalter. Am besten besuchen Sie vorher eine Veranstaltung mit ihm!

⇒ Sprechen Sie mit dem Referenten genau ab:
- Zielgruppe des Abends und die max. Teilnehmerzahl
- beabsichtigte Inhalte, Kernaussagen, Schwerpunkte
- Beginn, Ende und ungefährer Ablauf der Veranstaltung,
- Honorarforderung
- benötigte Medien (z. B. Tageslichtprojektor, Video, Tafel etc.)
- Text für Ankündigung (am besten, sie lassen ihn vom Referenten selbst formulieren.)

Öffentlichkeitsarbeit: „Tue Gutes und rede darüber!"

⇒ Gestalten Sie vielfältig, z. B. über Plakate, Ankündigung in Presse und Ortsnachrichten, lokale Radiosender, Handzettel (s. o.)

⇒ Hängen Sie thematische Suchtplakate in der Einrichtung, evtl. auch darüber hinaus im Ort auf. Plakate erhalten Sie z. B. bei den Krankenkassen, den Suchtberatungsstellen oder den Suchtkoordinationsstellen bei Sozial- oder Gesundheitsämtern.

⇒ Laden Sie die Presse zur Veranstaltung ein! Um die richtige Wiedergabe gerade auch von Namen zu gewährleisten, geben Sie dem Pressevertreter am besten eine Liste der Verantwortlichen mit.

⇒ Falls kein Pressevertreter an der Veranstaltung teilgenommen hat, geben Sie nach der Veranstaltung selbst einen Bericht an die Presse – aber legen Sie bereits vor der Veranstaltung fest, wer den Bericht schreiben soll ...

- **in der Schule:**
  - ⇒ binden Sie die Schulleitung, den Lehrer für Informationen zur Suchtprävention und den Elternbeirat mit ein!
  - ⇒ Geben Sie die Einladung „über den Schulranzen" an die Eltern, möglichst mit Rückmeldeabschnitt, und setzen Sie einen Anmeldeschluss.

⇒ Erklären Sie den Schülern die Veranstaltung (sie sind die besten Werbeträger!)

- **im Kindergarten:**
  ⇒ Binden Sie die Kindergartenleitung und den Elternbeirat mit ein!
  ⇒ Besprechen Sie die Veranstaltung im Team vor, evtl. zusammen mit den Elternbeiräten!
  ⇒ Geben Sie die Einladung den Kindern mit, möglichst mit Rückmeldeabschnitt, und setzen Sie einen Anmeldeschluss!
  ⇒ Hängen Sie Veranstaltungsplakate im Eingangsbereich auf!
  ⇒ Laden Sie falls möglich alle Eltern beim Bringen und Holen der Kinder persönlich ein, sprechen Sie mit Ihnen darüber, wie wichtig Ihnen der Abend ist!

Finanzierung

Falls Referentenhonorar, Saalmiete oder Kosten für Bewirtung anfallen:

⇒ Zumindest einen Teil können Sie über einen Unkostenbeitrag der Teilnehmer wieder hereinholen.

Zuschussmöglichkeiten sind evtl. möglich über Förderverein, Verfügungsmittel der Einrichtungsleitung/Schulleitung.

⇒ Beantragen Sie eine Abmangelfinanzierung/ „Ausfallbürgschaft" bei der Gemeinde, suchen Sie Gemeinderäte als Bundesgenossen.

⇒ Ein Zuschuss ist evtl. auch möglich über
  - Krankenkassen und Banken (Social Sponsoring)
  - die Sozial- oder Jugendämter (fragen Sie nach der Abteilung Kinder- und Jugendschutz oder Gesundheitsförderung)
  - Suchtkoordinatoren und Gesundheitsämter

Weitere Ideen

- Laden Sie Jugendliche zu der Veranstaltung ein, z. B. als Diskussionspartner, zur Vorführung kleiner Sketche oder Ähnlichem.
- Auch bei Selbsthilfegruppen gibt es oft geeignete Personen, die sich an Informationsabenden als Referenten oder Diskussionspartner zur Verfügung stellen. Denken Sie dabei besonders an die Elternkreise drogenabhängiger und -gefährdeter Jugendlicher, die es in vielen größeren Städten gibt. Führen Sie aber auf jeden Fall ein Vorabgespräch mit dem Vertreter der Gruppe.
- Adressen von Selbsthilfegruppen erhalten Sie über die Suchtberatungsstellen oder aus den Terminkalendern der Tagespresse.
- Geben Sie den Eltern Lesestoff mit nach Hause! Broschüren erhalten Sie z. B. über
  - die Bundeszentrale für gesundheitliche Aufklärung, 51101 Köln Beratungsstellen, Selbsthilfegruppen, Krankenkassen, Sozial- und Gesundheitsämter (s. o.).
  - Bringen Sie Kontinuität in die Elternarbeit!
    – Planen Sie Folgeveranstaltungen zu weiteren verwandten Themen!
    – Initiieren Sie Elternarbeitskreise oder „Erziehungspartnerschaften" zwischen Eltern und ErzieherInnen bzw. Lehrer

Kinder stark machen" – dieses Motto der BzgA ist ein Leitsatz der modernen Suchtprävention geworden. Doch wie macht man das – ganz praktisch gesehen?

Eltern und auch Erziehende von Berufs wegen erhoffen sich an Elternabenden und Fortbildungen häufig Rezepte, wie man Kinder denn nun „ganz praktisch" stark machen kann.

Und die Plätze der Stadt sollen voll Knaben und Mädchen werden, die auf ihren Plätzen spielen.

Sacharija 8.5

Doch Rezepte zu verteilen wäre unseriös, und vieles, was als einfache Formel dafür angeboten wird, stellt sich danach als gar nicht so einfach heraus oder führt in eine andere Art von Abhängigkeit.

Wenn es zwar auch keine allgemein gültige Betriebsanleitung zum Anfertigen starker Kinderpersönlichkeiten gibt, so kann jedoch jeder, der erzieherisch tätig ist, eigene kleine Hausrezepte finden, wie er dies ganz praktisch angehen kann. Was Kinder dazu brauchen, um diese Stärke zu entwickeln, ist pädagogisches Allgemeingut. Ideen für praktische Umsetzungen zu finden ist in der Gruppe nicht schwer.

Was Kinder brauchen

Material: vorbereitete Karten (siehe Seite 50/51)
Teilnehmer-Zahl: ab 10
Dauer: 15–30 Min.
Spielregel: Die Teilnehmer gruppieren sich in Kleingruppen zu 3–5 Mitspielern. Der Spielleiter verteilt an sie die Karteikarten mit vorformulierten pädagogischen Zielen. Jede Kleingruppe soll nun zu jedem Ziel ein bis drei konkrete Handlungsvorschläge entwickeln, die sie in der nächsten Woche bereit sind, zu verwirklichen (z. B. gemeinsame Unternehmungen, Gute-Nacht-Geschichten, mehr zusammenkuscheln ...).
Variante 1: Die Ziele werden von den Teilnehmern formuliert, vom Spielleiter auf Karteikarten notiert und dann verteilt.
Variante 2: Für andere Zielgruppen, z. B. „Was Eltern brauchen“, „Was ErzieherInnen brauchen“, „Was Lehrer brauchen“ ...
Pädagogischer Hinweis: Das Spiel soll versuchen, von abstrakten Zielen hin zu tatsächlich umsetzbaren Handlungsschritten zu kommen, die dann auch die Chance haben, verwirklicht zu werden.

Für dieses Spiel standen die sehr gute Broschüre „Was tun gegen Sucht – 7 Vorschläge für Eltern und Erzieher“ der Vorsorge-Initiative/Aktion Sorgenkind sowie ein Plakat des „Verein Kampf der Droge e. V.“, Heidelberg, und die Plakatserie der BzgA „Kinder brauchen ...“ Pate. Diese Medien eignen sich gut zur Begleitung und Unterstützung des Spiels.

Auf welche Ideen man mit diesem Spiel kommen kann, zeigt die folgende Sammlung, die bei Fortbildungen für Erzieherinnen aus Kindergärten zustande gekommen ist, die Spielideen zu den Stichworten sammeln sollten sowie bei Fortbildungen für Erzieherinnen aus der Kernzeitbetreuung an Grundschulen, die sich dazu verschiedene Aktivitäten einfallen lassen sollten.

Kinder brauchen ...

⇒ **Abenteuer:**

Schatzsuche, Löwenjagd

- Aufregung und Selbstbestätigung durch kleine Aufgaben (z. B. Altpapier zum Container bringen etc.), kreativ sein (z. B. selbstständig wertloses Material für eine Bastelarbeit zusammensuchen), Erfahrungen mit Holzarbeiten, Spiele (blind führen/geführt werden, Geräuschememory)

⇒ **Anerkennung:**

Kreisspiele (z. B. „Bello, Bello“, „Teddybär“, „Klopfe, klopfe Hämmerchen“, „Mach es grade so wie ich“).

- Lob; Belohnungen; Beachtung/Sympathie zeigen und leben; körperliche Nähe/Gefühle zeigen; hervorheben, was das Kind gemacht hat (seine Bilder aufhängen; loben, bei Konflikten, die „gut" gelöst wurden; würdigen, was geleistet wurde; gute Ideen honorieren, Kind darf anleiten)

⇒ **Bestätigung:**

Memory, Puzzle, Hör-Spiele, Kreisspiele („Seht euch mal den … an, was der … machen kann"), Wettspiele

⇒ **Bewegung:**

„Feuer, Wasser, Sturm", „Pedro, der lustige Clown (Singspiel)", „Vater Abraham hat sieben Söhne", „Reise nach Jerusalem", „Meine Tante aus Marokko", „Fischer wie tief ist das Wasser", „Komm mit – lauf weg", „Ballonhockey", „Schwarzer Mann"

- jeden möglichen Bewegungsanlass nutzen, Kinder ohne Zwang zur Bewegung zu veranlassen, z. B. mit Bewegungsspielen, Bewegungsgeschichten, Bewegung in der freien Natur; Bewegung nicht nur im Sinne von Austoben, sondern auch zur eigenen Körperwahrnehmung (Entspannungs- und Anspannungsübungen)
- Bewegungsräume schaffen, Handlungskompetenz bzw. Bewegungs- und Spielfähigkeit vermitteln

⇒ **Eigeninitiative (selbst formuliertes Ziel):**

- Material anbieten, das anregt; Ideen aufgreifen, die von den Kindern kommen; Probleme angehen, helfen bei der Umsetzung

⇒ **Freiraum:**

- innerhalb des gesetzten Rahmens die Kinder selbst entscheiden lassen, was sie tun wollen; ihre Meinung akzeptieren und tolerieren; Räumlichkeiten so gestalten, dass sie unterschiedliche Möglichkeiten haben, ihre Freizeit zu gestalten

⇒ **Freunde:**

Kennenlernspiele: „Mein rechter Platz ist leer", „Schüttel mal die Hand, die Hand des Anderen", „Hänschen piep einmal", Partnerspiele wie z. B. „Liebe Schwester, tanz mit mir", Staffelspiele, Ballspiele, also Spiele, die man nicht allein machen kann

- Spiele, die Vertrauen schaffen (Blind führen, Führen und folgen, …); Spiele, die Kontakte und Berührungen ermöglichen (Körperstatuen bauen, …)
- Gesellschaftsspiele (lernen, den Gegner nicht als „Feind" zu sehen; mit Niederlagen umgehen lernen), Gruppenarbeit (Projekte, gemeinsam etwas erarbeiten und schaffen, …)

⇒ **glaubwürdige Vorbilder:**

Erzieherinnen übernehmen hier die Vorbildrolle und können sich als solche einbringen, z. B. bei Brettspielen (Gefühle zeigen); mitmachen bei Bewegungsspielen, um Vertrauen zu bilden; Memory, um Ehrlichkeit zu zeigen; alle Regelspiele, um den Umgang mit Regeln zu lernen

⇒ **ihre Sinne (selbst formuliertes Ziel):**

Schlüsselhonig, Wackelpudding, Der dicke Brummer an der Wand, Das kleine Tier, Pizzamassage

⇒ **Kinder brauchen eine harmonische Umwelt:**

Brettspiel „Schützt unseren Teich", Fühlstraße, Riechspiele, Entspannungsspiele, Igelbälle, Raumausstattung (Kriechtunnel)

⇒ **Lebensziele:**

- Spiele verlieren können (kurze Spiele, Zufallsspiele, z. B. „4 gewinnt", UNO); sich an Regeln halten (Begrüßung, im Gespräch nicht unterbrechen, Bescheid sagen beim auf Toilette gehen); Probleme erst einmal versuchen selbst zu lösen

⇒ **Sicherheit:**

Verlässlichkeit, z. B. über Regelspiele

- morgens um 7.30 ist auf jeden Fall jemand da; persönliche Einzelbegrüßung; das Kind die Nähe der Erzieherin spüren lassen; Versprochenes (z. B. Spiele) auch durchführen

Die Auflistung zeigt, dass ganz alltägliche und eigentlich selbstverständliche Dinge Suchtvorbeugung sein können, und dass diese – wenn auch alltäglich – so doch sehr wichtig sind, so dass Suchtvorbeugung im Grunde genommen aus ganz alltäglichen und eigentlich selbstverständlichen Dingen besteht ...
(Die erwähnten Spiele sind in den Büchern, die im Anhang unter Kapitel 4 stehen, zu finden.)

Kinder brauchen ...... **... Abenteuer**	Kinder brauchen ...... **... Anerkennung und Bestätigung**
Kinder brauchen ...... **... Grenzen**	Kinder brauchen ...... **... Bewegung**
Kinder brauchen ...... **... Entspannung**	Kinder brauchen ...... **... Freiraum**
Kinder brauchen ...... **... Freunde**	Kinder brauchen ...... **... glaubwürdige Vorbilder**

Kinder brauchen ...... **... eine harmonische Umwelt**	Kinder brauchen ...... **... Lebensziele**
Kinder brauchen ...... **... Sicherheit**	Kinder brauchen ...... **... Träume**
Kinder brauchen ...... **... Zärtlichkeit**	Kinder brauchen ...... **... Zeit**
Kinder brauchen ...... **... Zuwendung**	Kinder brauchen ...... **...** **(bitte benennen Sie ein Ziel und formulieren Sie dazu Vorschläge zur Umsetzung)**

Mittels des Rollenspiels ist es möglich, sich selbst in fremde Personen zu versetzen und damit auch in fremde Haltungen und Ansichten zu schlüpfen. Dies kann dazu beitragen, dass sich bei einem Problem neue Sichtweisen erschließen, die einem bislang versperrt waren, und man auf diese Weise eher eine persönliche Lösung findet. Die strukturierte Form des ABC-Rollenspiels ist dafür eine sehr gut geeignete Methode.

Außer den beiden ABC-Rollenspielen in diesem Kapitel finden Sie in den weiteren Kapiteln noch Rollenspielvorgaben für andere Zielgruppen.

Das ABC-Rollenspiel (allgemeine Spielregel)

Material: Briefumschläge mit den Rollenanweisungen, Etiketten zur Kennzeichnung der Umschläge (s. Kopiervorlage auf der Seite 54), farbige Klebepunkte mit „A", „B", „C"
Vorbereitung: Die Vorgeschichte und die Anweisungen für die drei Spielrunden werden in je drei Umschlägen an alle Kleingruppen verteilt. Im ersten Umschlag, gekennzeichnet mit Spielrunde 1, befinden sich die Vorgeschichte sowie die Anweisungen für die erste Spielrunde, außerdem drei farbige Klebepunkte, gekennzeichnet mit „A", „B" und „C", die sich die Mitspieler gleich an die Brust heften, womit dann geklärt ist, wer welche Rollen zu übernehmen hat.
Im zweiten Umschlag (Spielrunde 2) befindet sich dann nur die Anweisung für die zweite Spielrunde, usw.
Spielregel: Die ganze Gruppe wird in Dreiergruppen aufgeteilt. In jeder Kleingruppe ist ein Spieler „A", einer „B" und schließlich ein Spieler „C".
Spielablauf: Es handelt sich um drei kurze Dialoge (erste, zweite und dritte Spielrunde), die von allen Dreier-Gruppen gleichzeitig gespielt werden. Alle drei zu spielenden Dialoge sind Ausschnitte aus einer Geschichte, die der Spielleiter erzählt. Für jede Dialogrunde und jede Gruppe gibt es immer einen aus der Gruppe, der die anderen aus der Gruppe beobachtet und sich den Verlauf der Diskussion in Stichworten notieren soll.
Spieldauer: Ohne Auswertung ca. 30–45 Min.
Teilnehmer-Zahl: 12–39 (abhängig von Raumgröße, Teilnehmer-Zahl soll durch 3 teilbar sein).
Alter: ab 15 Jahre (je nach Thema!).
Reflexion: Die Spieler aller Gruppen kommen zusammen und diejenigen, die im letzten Spieldurchgang Beobachter waren, sollen über den Ausgang berichten. Die anderen können ergänzen:

- Wie ist die Gruppe ins Gespräch gekommen?
- Wie wurden Konflikte und Probleme angegangen?
- Gab es Lösungsmodelle?
- Wie gut waren die Spieler über das Thema informiert?
- Wie realistisch wurde gespielt?
- Wurde das Thema tatsächlich angegangen oder mehr um den heißen Brei herumgeredet?
- Woher stammten die einzelnen Meinungen und Informationen?
- Wo waren Informationslücken?

Nach: Ulrich Baer: „Das ABC-Rollenspiel" in „Remscheider Diskussionsspiele."

s. a.: „gruppe & spiel" 1/93, Olaf Dinger: „Konflikte spielerisch bearbeiten. Das ABC-Rollenspiel"

Gruppe 1 **Spielrunde 1**	Gruppe 1 **Spielrunde 2**	Gruppe 1 **Spielrunde 3**
Gruppe 2 **Spielrunde 1**	Gruppe 2 **Spielrunde 2**	Gruppe 2 **Spielrunde 3**
Gruppe 3 **Spielrunde 1**	Gruppe 3 **Spielrunde 2**	Gruppe 3 **Spielrunde 3**
Gruppe 4 **Spielrunde 1**	Gruppe 4 **Spielrunde 2**	Gruppe 4 **Spielrunde 3**
Gruppe 5 **Spielrunde 1**	Gruppe 5 **Spielrunde 2**	Gruppe 5 **Spielrunde 3**
Gruppe 6 **Spielrunde 1**	Gruppe 6 **Spielrunde 2**	Gruppe 6 **Spielrunde 3**
Gruppe 7 **Spielrunde 1**	Gruppe 7 **Spielrunde 2**	Gruppe 7 **Spielrunde 3**
Gruppe 8 **Spielrunde 1**	Gruppe 8 **Spielrunde 2**	Gruppe 8 **Spielrunde 3**
Gruppe 9 **Spielrunde 1**	Gruppe 9 **Spielrunde 2**	Gruppe 9 **Spielrunde 3**

Die folgende Version des ABC-Rollenspiels wurde in Vorbereitung eines Kurses für Trainerinnen einer Familienbildungsstätte entwickelt, die Kurse für werdende oder junge Eltern zur Geburtsvorbereitung oder Eltern-Kind-Gruppen leiteten.
Dabei bekamen sie zunehmend Schwierigkeiten mit Müttern und Vätern, die – einzeln oder beide – während der Schwangerschaft und danach rauchten. Warum („zum Teufel noch einmal!") taten sie das trotz aller Warnungen und abschreckender Erklärungen und gefährdeten ihr Kind damit?
Das folgende Szenario mag für die Situation dieser Eltern Verständnis wecken, kann aber gleichzeitig auch bei diesen ein Umdenken bewirken, wenn man es direkt mit jungen oder werdenden Eltern spielt – denn hier spielen sie sich sozusagen selber! Auch die Frage: „Warum rauchst du, obwohl du schwanger bist (oder: obwohl deine schwangere Frau/dein Baby den Rauch einatmen muss)" wird ihnen damit von ihresgleichen gestellt und nicht von einer Autorität, gegen die man – gerade bei diesem persönlichen Thema – leicht in ablehnende Opposition geraten mag, anstatt sich tatsächlich mit dem Problem innerlich auseinander zu setzen.

ABC – Rollenspiel: „Vater, Mutter, Nichtraucher". Ein Szenario für die Elternbildung

Vorgeschichte

Helga, 22 Jahre, ist im 7. Monat schwanger. Helga raucht schon, seit sie 14 ist und hat es auch während ihrer Schwangerschaft nicht aufgegeben. Ihr Mann, Thomas, 25 Jahre, raucht ebenfalls. Beide freuen sich schon sehr auf das Baby.

Spielrunde 1:

Beim Einkaufen trifft Helga ihre Freundin Beate, 23 Jahre, mit ihrem drei Monate alten Baby. In einem Café setzen sich die beiden Frauen auf ein Tässchen Kaffee zusammen. Helga möchte sich nach dem anstrengenden Einkaufsgewühl gerne eine Zigarette anstecken. Beate hat dafür kein Verständnis ...

	A	B	C
Spielrunde 1:	Helga	Beate	Beobachterin

Als Teilnehmer-Unterlage hier abtrennen

Spielrunde 2:

Als Helgas Mann nach Feierabend nach Hause kommt, erzählt sie ihm von ihrem Einkaufsbummel und dem Gespräch mit Beate.

	A	B	C
Spielrunde 2:	Thomas	Beobachterin	Helga

Als Teilnehmer-Unterlage hier abtrennen

Spielrunde 3:

Am nächsten Tag in der Mittagspause trifft Thomas seinen Kollegen Bernd, 24 Jahre, mit dem er sich gut versteht. Das Gespräch kommt auch aufs Rauchen.
Bernd ist seit einem halben Jahr Vater. Das Rauchen hat er aufgegeben. Doch das Nichtrauchen fällt ihm immer noch schwer.

	A	B	C
Spielrunde 3:	Beobachterin	Thomas	Bernd

Suchtvorbeugung im Kindergarten

Wenn man im Kindergarten überhaupt schon von „Suchtmitteln" reden kann, so werden von Eltern oder Erzieherinnen häufig Fernsehen, Gameboy, Spielsachen und Süßigkeiten, manchmal auch schon Klebstoff genannt. Doch auch ein exzessiver Umgang mit diesen Konsumartikeln hat seine Ursache nicht in ihrer bloßen Existenz! Ziele von Suchtvorbeugung im Kindergarten müssen daher starke, lebensfrohe Kinder sein, die Konsum nicht als Krücke für ihr Ich benötigen. Suchtprävention im Kindergarten ist daher weitestgehend suchtmittelunspezifisch. Wie geht das?

Mit den im ersten Teil beschriebenen Spielen „Sucht-Einführungsspiel", „Was Kinder brauchen" und dem „Bergführer-Spiel" lassen sich bei Fortbildungen im Kindergarten- und Tagesstättenbereich sehr schnell konkrete Handlungsansätze entwickeln, wie die suchtvorbeugenden Impulse der Einrichtung noch verstärkt werden können. (Dabei soll ruhig einmal gesagt werden, dass diese ohnehin in keiner pädagogischen Institution so stark ausgeprägt sind wie gerade im Kindergarten!)

Für Erzieherinnen ist es normalerweise nicht schwer, aus ihrem Schatz an Methoden und Spielen ein Programm nach den Stichworten von „Was Kinder brauchen" zu entwickeln.

Ein häufiges Ergebnis des „Bergführerspiels" mit Erzieherinnen ist es, dass beim Thema Suchtvorbeugung spezielle suchtpräventive Übungen für Kinder weniger wichtig sind, als vielmehr die Rahmenbedingungen und die

Haltung der Erzieherinnen selbst. Auf Spiele und Übungen direkt für Kinder wurde daher in diesem Teil verzichtet, dazu möchte ich Sie auf Kapitel 5 und auf die vorhandene Literatur verweisen.

Wer sich mit einem langfristigen Programm zur Suchtvorbeugung im Kindergarten beschäftigen möchte, sei an die Projekte „Spielzeugfreier Kindergarten" von Elke Schubert und Rainer Strick und „Flimmerkiste" von Rainer Strick verwiesen, deren Beschreibungen bei der Aktion Jugendschutz, Landesarbeitsstelle Bayern erschienen sind.

In diesem Teil sollen statt dessen zwei Themen behandelt werden, welche über die im Kindergarten meist gut verortete Forderung „Kinder stark machen" hinausgehen und den Erzieherinnen viel Kopfzerbrechen machen: gefährdete Kinder und gefährdete Eltern.

Im folgenden Szenario für das ABC-Rollenspiel ist ein Mädchen beschrieben, dessen Erziehung kaum mit „Stärkung der Persönlichkeit" überschrieben werden kann – und dabei gar kein so krasser Fall ist …

ABC – Rollenspiel: „Barbaras neue Kleider"

Ein Spiel zur Fortbildung von Erzieher/innen in Tageseinrichtungen für Kinder (Abschnitte für Kleingruppen)

Vorgeschichte:
Helga, 25 Jahre, Erzieherin, und ihre Anerkennungs-Praktikantin Beate, 22 Jahre, arbeiten im St. Clematis-Kindergarten in Rieslingen. Seit Beginn des neuen Kindergartenjahrs ist auch die fünfjährige Barbara Prätorius in ihrer Gruppe, deren Eltern im angrenzenden Neubaugebiet ein Haus gekauft haben.
Barbara hat unter den Erzieherinnen des Kindergartens den Spitznamen „Barbie" bekommen, da sie jeden Tag mit sehr sauberen, sehr neuen und wohl auch sehr teuren Kleidern in den Kindergarten kommt. Am wöchentlichen Spielzeugtag hat sie auch meist etwas ganz Neues und ganz Besonderes dabei.
Bislang ist von Barbaras Eltern im Kindergarten nur ihre Mutter, Anfang 30, in Erscheinung getreten; auch sie macht einen sehr gepflegten Eindruck und wirkt sehr selbstsicher.
Die zuständigen Erzieherinnen, so hat Frau Prätorius Helga gleich zu Beginn des Kindergartenjahres eingeschärft, sollten ein bisschen auf Barbara und ihre Sachen Acht geben, damit sie nicht so schmutzig werden. Doch hält das Mädchen sich auch selbst schon sehr zurück.
Als Helga die vergangene Woche krank war, hat ihre Praktikantin Beate die Gruppe alleine leiten müssen. Heute ist Helga wieder im Kindergarten. Doch erst in der Mittagspause findet sie Zeit, sich eingehend mit Beate über die vergangene Woche zu unterhalten … (zum weiteren Verlauf siehe Kopiervorlage auf der nächsten Seite).

Spielrunde 1:

In Beates Zeit ist es leider mehr als sonst vorgekommen, dass sich Barbara beschmutzt hat, und am Spielzeugtag hat Tobias Barbaras neuem kleinen Pony die lila Mähne und den Schweif abgeschnitten. Barbaras Mutter war darüber sehr verärgert und hat Beate daraufhin zur Rede gestellt. Es müssen einige böse Worte gefallen sein: auch eine Praktikantin müsste doch wohl ihre Kinder schon ein bisschen im Griff haben können, und wenn so etwas noch einmal vorkäme, wolle Frau Prätorius sich beim Pfarrer beschweren. Beate, sehr verunsichert, erzählt dies alles Helga.

	A	B	C
Spielrunde 1:	Helga	Beate	Beobachterin

Als Teilnehmer-Unterlage hier abtrennen

Spielrunde 2:

Am Nachmittag ist die monatliche Teamsitzung des Kindergartens, an der auch die zuständige Fachberaterin teilnimmt. Helga bespricht mit ihr, was vorgefallen ist und bittet sie um Rat.

	A	B	C
Spielrunde 2:	Fachberaterin	Beobachterin	Helga

Als Teilnehmer-Unterlage hier abtrennen

Spielrunde 3:

Als am nächsten Tag Frau Prätorius Barbara zum Kindergarten bringt, geht sie auf Helga zu, um sich nach ihrem Gesundheitszustand zu erkundigen.

	A	B	C
Spielrunde 3:	Beobachterin	Helga	Frau Prätorius

Das Thema Sucht im Kindergarten hat oft noch eine andere Komponente: in vielen Gruppen sind Kinder, deren Eltern alkoholkrank sind oder eine andere Sucht haben. Dies ist eine Problematik, auf die die meisten Erzieherinnen nicht vorbereitet sind. Statt dessen sehen sie sich in ein belastendes Dilemma gestürzt: Einesteils fühlen sie sich parteilich auf der Seite des Kindes, welches oft mehr oder minder große Verhaltensauffälligkeiten aufweist, andererseits sind sie für wie auch immer geartete therapeutische Interventionen weder ausgebildet noch gehören diese zu ihren Aufgaben.
Im folgenden Parteilichen Rollenspiel-Szenario „Mamy Blue" werden Chancen und Grenzen eines Eingreifens einer Erzieherin deutlich.
Dieses Spiel stellt eine weitere Rollenspielform dar, die sich gut dafür eignet, Einstellungen zu hinterfragen und Gesprächsstrategien zu entwickeln. Sie ist auch für Gruppen geeignet, in denen die Bereitschaft zum aktiven Rollenspiel ungleich verteilt ist, da von drei Teilnehmergruppen nur zwei „spielen" müssen, eine dritte darf Beobachter sein.

In Kapitel 4 sind noch weitere Szenarien enthalten.

Das Parteiliche Rollenspiel (allgemeine Spielregel)

Ein Spiel zur Vorbereitung auf ein (evtl. real kommendes) Konfliktgespräch. Hintergrundgeschichte und Inhalt des Konflikts kann von dem Spielleiter situativ festgelegt werden, wenn man nicht auf die vorbereiteten Szenarien zurückgreifen will.
Die Gesamtgruppe teilt sich in die drei Teilgruppen A, B und C.
Gruppe A und Gruppe B wählen aus ihrer Mitte je einen Vertreter (a) und (b), die in einem zu spielenden Konflikt gegensätzliche Interessen vertreten. Die Mitglieder von Gruppe A stehen parteilich auf der Seite von (a), die Mitglieder von Gruppe B auf Seiten (b)'s.
C ist Kontrollgruppe, beobachtet, analysiert und bewertet die jeweiligen Vorgehensweisen von (a) und (b).
Vor dem Rollenspiel beraten die Gruppen A und B auf der Grundlage der jeweiligen Hintergrundgeschichte die Vorgehensweise für die Protagonisten (a) bzw. (b). Jede Gruppe sollte eine entsprechende Strategie wählen, um den Konflikt möglichst für sich entscheiden zu können. Dies umfasst auch eine eventuelle Raumgestaltung und das Bereitstellen von Requisiten.
Während des eigentlichen Rollenspiels ist es jederzeit möglich, dass (a), (b) oder ein Vertreter von A und B „Stopp!" sagen können und eine Beratungspause einlegen, um eine neue Taktik zu besprechen. Auch ist es möglich, dass ein Mitglied von A (a) ersetzt, entsprechendes gilt für B.
Das Ende des Rollenspiels ist gekommen, wenn die Beteiligten oder der Spielleiter es für angebracht halten.
Bei der anschließenden, von dem Spielleiter geleiteten, Auswertung dürfen zunächst diejenigen, die zuletzt (a) und (b) gespielt haben, ein Blitzlicht ihrer Befindlichkeit und eine Einschätzung zur „Lösung" des Konfliktes abgeben. Danach teilen die Mitglieder von C ihre Beobachtungen mit. Dann erfolgt eine allgemeine Abschlussdiskussion.

Hinweise zur Durchführung des Rollenspiels mit den in diesem Buch enthaltenen Szenarien:

- Gruppe A bekommt die Vorgeschichte mit den Durchführungshinweisen für ihre Gruppe, ebenso Gruppe B.
- Gruppe C erhält die Vorgeschichte mit den Hinweisen für alle Gruppen.

Parteiliches Rollenspiel: „Mamy Blue"

Vorgeschichte:
Alexandra Springer ist Erzieherin im Kindergarten Krähwinkel. Das Mädchen Yvonne Börner ist mit Beginn des neuen Kindergartenjahres in ihre Gruppe aufgenommen worden.
Yvonne ist ein stilles, unauffälliges Kind, für ihre vier Jahre bereits sehr selbstständig, höchstens etwas zu verschlossen für Alexandras Empfinden. Mit Frau Börner, der Mutter von Yvonne, hat Alexandra bislang noch kaum Kontakt gehabt. Sie bringt zwar Yvonne jeden Tag in den Kindergarten, verabschiedet sich aber immer schon an der Tür. Das Abholritual läuft ähnlich ab. Beim ersten Elternabend war von Yvonnes Eltern niemand gekommen.
Eines Tages wird Frau Börner am Morgen von Yvonne in den Gruppenraum hineingezogen, weil sie ihr etwas zeigen will, und Alexandra begrüßt sie. Dabei riecht sie zweifelsfrei eine Alkoholfahne bei Frau Börner – ein Verdacht wird bei Alexandra zur Gewissheit. Eine Alkoholfahne um acht Uhr morgens – das will die Erzieherin nicht auf sich beruhen lassen. Sie nimmt sich vor, mit Frau Börner zu reden, wenn sie mittags Yvonne abholt.
Das Rollenspiel soll diese Szene nachstellen (siehe Kopiervorlage auf der nächsten Seite).

Auswertung nach dem Rollenspiel:
Was waren die Ziele der Erzieherin in dem Tür- und Angelgespräch?
Wie realistisch waren diese?
Wie hat sie versucht, diese zu erreichen?
Welche Gegenstrategien führte Frau Börner durch?
Was waren ihre Erwartungen und Befürchtungen?

Ein mögliches Ziel von Alexandra Springer könnte sein, einen längeren Gesprächstermin mit Frau Börner für die nahe Zukunft zu vereinbaren. Hierauf könnte in der Auswertung eingegangen und gemeinsam überlegt werden, wie dieses Gespräch – und mit welchem Setting – gestaltet werden sollte. Daran könnte sich eine weitere Runde Parteilichen Rollenspiels anschließen, bei der die Ergebnisse der Auswertung getestet werden können.

Durchführungshinweise für Gruppe A, die Gruppe der Erzieherin Alexandra (a):

Gruppe A ist die Partei der Erzieherin Alexandra. Diese wird gleich mit der immer noch spürbar alkoholisierten Mutter von Yvonne (b) konfrontiert, die ihre Tochter vom Kindergarten abholen will. Alexandra will und kann das Erlebnis am Morgen nicht so stehen lassen.
Gruppe A soll sich alles überlegen, damit die Erzieherin mit der Mutter ein „vernünftiges Gespräch" führen kann:
Gelegenheit, Dauer, Umgebung, Ziele und Inhalt des Gesprächs.

Als Teilnehmer-Unterlage hier abtrennen

Durchführungshinweise für Gruppe B, die Gruppe von Frau Börner, Yvonnes Mutter (b):

Diese holt mit einer im Radius von 1/2 Meter unüberriechbaren Alkoholfahne ihre Tochter Yvonne (auch Mitglied von Gruppe B) vom Kindergarten ab.
Möglicherweise will Frau Springer, Yvonnes Erzieherin, mit Frau Börner reden, da sie am Morgen wahrscheinlich die Fahne von ihr gerochen hat.
Gruppe B soll sich alle Schlichen überlegen, die es der Erzieherin unmöglich machen werden, die Mutter zu „packen".

Als Teilnehmer-Unterlage hier abtrennen

Gruppe C ist die Kontrollgruppe. Sie beobachtet Erzieherin und Mutter, analysiert und bewertet die jeweiligen Strategien.

Suchtprävention in der Grundschule

Ähnlich wie im Kindergarten ist Suchtvorbeugung in der Grundschule noch weitgehend sucht(mittel)unspezifisch, auch wenn der Lehrplan vieler Bundesländer in der vierten Klasse das Thema „Sucht" unter besonderer Berücksichtigung des Rauchens ausweist.

Wichtigere Ziele scheinen mir jedoch der Aufbau von Selbstbewusstsein und Selbstwertgefühl, ebenso wie die Entwicklung eines allgemeinen Gesundheitsbewusstseins zu sein.

Anders als im Kindergarten ist die Vielfalt an traditionellen, für die Suchtvorbeugung geeigneten, Methoden in der Grundschule nicht so groß. Die folgenden Spiele sind daher direkt für die Anwendung im Unterricht gedacht und wollen zu den oben genannten Stichpunkten einige Hilfestellungen geben.

„Wie werde ich krank?" und „Wie kann ich mich vor einer Krankheit – und damit auch vor der Einnahme von Medikamenten – selbst schützen?" Um diese Fragen geht es beim „Michael-Jackson-Spiel". (Von Michael Jackson ist bekannt, dass er wahnsinnige Angst davor hat, sich irgendwo anzustecken, weshalb man ihn auf Fotos häufig mit Mundschutz sieht.)

Die Übung lässt die teilnehmenden Kinder aktiv darüber nachdenken, ob und wie sie sich Krankheitsgefahren aussetzen wollen, und wie sie sich selbst dabei schützen können.

Das Michael-Jackson-Spiel

Material: Vorbereitete Kärtchen, für jedes Kind einen Stift
Teilnehmer-Zahl: bis 30
Dauer: 30–45 Min.
Vorbereitung: Der Spielleiter knickt postkartengroße (DIN A6-)Kärtchen längs in der Mitte und schreibt auf die obere Hälfte eine Situation, in der man sich anstecken oder krank werden könnte. Die untere Hälfte soll später von den Schülern beschrieben werden.

Beispiele:	*Schutz davor (nur für Variante 3):*
– Fußpilz im Schwimmbad bekommen	Füße am Sprühgerät desinfizieren
– Fußpilz im Schuhladen bekommen	Schuhe mit Strümpfen anprobieren
– von anderen angeniest werden/ andere anniesen	Taschentuch vorhalten
– von anderen angehustet werden/ andere anhusten	Hand vorhalten
– bei Sonne am Strand spielen	Sonnencreme, Sonnenhut benutzen
– kalter Wind	Mütze aufsetzen
– gemeinsam aus einer Flasche trinken	Glas benutzen
– nasse Schuhe anhaben	bei nasser kalter Witterung warmes und festes Schuhwerk tragen
– grünes, unreifes Obst essen	nur reifes Obst essen
– Tieren streicheln	vor dem Essen Hände waschen
– Besuch bei kranken Freunden	danach Hände waschen
– nasse Badehose nach dem Schwimmen	trockene Badehose anziehen

Spielregel: Die Kinder sitzen in Dreier- oder Vierergruppen zusammen. Der Spielleiter verteilt an jedes Kind eines der vorbereiteten Kärtchen. Nun sollen die Kinder in den Kleingruppen zusammen überlegen, wie sie sich in den vorgegebenen Situationen vor dem Krankwerden schützen können. Ihre Ideen schreiben sie auf den freien, unteren Teil der Kärtchen. Anschließend werden die Lösungen allen vorgelesen und vom Spielleiter an der Tafel für alle sichtbar notiert.

Variante 1: Es werden auf den Kärtchen keine Situationen vorgegeben, sondern Blankokärtchen verteilt. Die Klasse überlegt mit dem Spielleiter zusammen, wo und wann man krank werden oder sich anstecken kann (bzw. wie man andere davor schützen kann, von einem selbst angesteckt zu werden). Die Situationen werden vom Spielleiter oder gleich von den Schülern, die sie genannt haben, auf die Kärtchen notiert. Auf jedes Kärtchen soll nur eine

Situation geschrieben werden! Anschließend werden alle Kärtchen gleichmäßig an Kleingruppen verteilt und bearbeitet.

Variante 2: Der Spielleiter verteilt jeder Kleingruppe zwei bis drei vorbereitete Kärtchen und ein Blankokärtchen, auf das jede Kleingruppe selbst eine Möglichkeit des Krankwerdens und die passende Vorbeugung notieren soll.

Variante 3: Der Spielleiter schreibt die Beispielsituationen auf kleine Kärtchen (DIN A7 oder noch kleiner), ebenso die Schutzmöglichkeiten. Die Kärtchen werden nun so an die Schüler verteilt, dass jeder eines bekommt. Anschließend gehen die Schüler herum und vergleichen ihre Kärtchen. Es sollen sich die Schüler mit den Krankheitssituationen und die mit den passenden Schutzmöglichkeiten paarweise zusammenfinden. Die Paare lesen ihre Texte vor.

Pädagogischer Hinweis: Der Spielleiter sollte auf die Erkenntns hinarbeiten, dass es keinen absoluten Schutz vor Krankheit und Ansteckung geben kann. Wie beliebt in der Klasse wäre wohl jemand, der sich zu Hause einschließt, statt mit nasser Badehose am Strand zu spielen, Tiere zu streicheln oder kranke Freunde zu besuchen usw.? (Beispiel: Michael Jackson)
Sicherlich kommen die Schüler selbst darauf, dass man bei einem entsprechenden Verhalten gegen viele Ansteckungsgefahren von innen her gefeit ist. Was kann man tun, um diesen Eigenschutz zu fördern? Hier lassen sich viele praktische Aktivitäten zum aktiven Gesundheitsschutz in der Schule anknüpfen, angefangen vom regelmäßigen gemeinsamen Gesunden Schulfrühstück bis hin zu Sport-Spiel-Spaß-Aktionen.

Nach dem „Vorsicht: Ansteckung!"-Domino aus „Gesundheitsförderung in der Grundstufe", hg. v. Peter Tossmann, Luchterhand Verlag 1995.

„Hinter Sucht steckt eine Sehnsucht" heißt ein Satz aus einer Präventionskampagne.

Die Nichterfüllung von Wünschen und Sehnsüchten nach Anerkennung, Freundschaft, Liebe und Zärtlichkeit kann mittelbar in eine Sucht führen, wenn statt dessen eine Bedürfnisbefriedigung über Suchtmittel ausprobiert wird, und sich dazu keine anderen befriedigenden Alternativen entwickeln.

Über wichtige Wünsche und Sehnsüchte zu sprechen und sich auszutauschen ist oft schon ein großer erster Schritt, diese Wünsche handhabbar zu machen, nämlich:

- zu schauen, was dahinter steckt;
- sie von einer unerfüllbaren in eine konkrete erfüllbare Form umzuformulieren (statt: Ich wollte, dass mich alle Mädchen mögen: Ich möchte, dass Barbara meine Freundin ist);
- zu entdecken, dass viele der Mitschüler ganz ähnliche Wünsche haben;
- festzustellen, dass diese Wünsche o.k. sind;
- zu überlegen, was man selbst oder gemeinsam mit Gleichgesinnten zur Erfüllung der Wünsche tun kann.

Die beiden folgenden Spiele „Das Feengeschenk. Du hast drei Wünsche frei ..." und „Schaufenster der Sehnsüchte" sind zwei Wege zum selben Ziel, nämlich über Wünsche und Sehnsüchte der Schülerinnen und Schüler ins Gespräch zu kommen und damit diesen ersten Schritt zu tun. Ähnliches hat der „Drogendesigner" aus dem dritten Teil zum Ziel, der sich für die Grundschule leicht in ein Spiel etwa unter dem Titel „Zaubertrank" umbauen lässt.

Die Spiele sollten nicht für sich stehen bleiben. Statt dessen sollte von vornherein Zeit und Raum für ein nachfolgendes „Projekt Sehnsucht" eingeplant werden, etwa mit Workshopangeboten entsprechend den Wünschen der Mitspieler.

Die Spiele sind für die 3. oder 4. Klassenstufe der Grundschule konzipiert, lassen sich aber natürlich genauso mit älteren Schülerinnen und Schülern wie auch in der Jugendarbeit verwenden.

Das Feengeschenk. Du hast drei Wünsche frei …

Material: leeres Plakat
Teilnehmer-Zahl: ab 10
Dauer: 30–45 Min.
Spielregel: „Stellt euch vor, jedem von euch würde eine gute Fee erscheinen und drei Wünsche erfüllen. Und zwar Sachen, die ihr gerne anders hättet. Vielleicht Dinge, die ihr an euch selber gerne anders hättet. Oder dass sich in der Schule oder daheim etwas ändert. Drei Dinge, die ihr gerne ändern wollt, würde euch die Fee erfüllen."
Der Spielleiter sammelt zunächst die Einfälle der Mitspieler zu dieser Frage, entweder auf Zuruf oder anonym auf Zetteln. Daraus fertigt er eine Liste in Postergröße und hängt sie offen auf, so dass alle sie lesen können. Wenn kein Platz mehr ist oder niemandem mehr etwas einfällt, geht es weiter:
„Oh, jetzt wäre die Fee aber doch erschrocken! Ob sie so viele Wünsche erfüllen könnte? Wir wollen einmal schauen, was euch von allen Wünschen, die da jetzt stehen, die wichtigsten sind. Vielleicht haben ja andere Kinder Wünsche gesagt, die ihr euch auch wünschen würdet, euch aber gerade nicht eingefallen sind."
Jeder Mitspieler bekommt nun drei Klebepunkte, womit er unter allen aufgehängten Wünschen drei Wünsche kennzeichnen soll, die ihm besonders wichtig sind. Er kann auch Wünsche kennzeichnen, die nicht von ihm sind.
Auswertungsfragen:

- Welche Wünsche wurden am häufigsten markiert? Welches sind die „TOP 3" der Klasse oder Gruppe?
- Was müsste geschehen, damit sich diese Wünsche erfüllen? Hilft tatsächlich nur ein Wunder, braucht es dazu eine Fee?
- Wie kann jeder selber an der Erfüllung seiner drei Wünsche arbeiten? Was kann die Gruppe dazu tun?
- Was kann der Spielleiter dazu tun, den Teilnehmer bei ihrer Wunscherfüllung zu helfen?

Variante: (nach Ulrich Baer: „Sehnsucht" aus: „666 Spiele".)
Die Auseinandersetzung mit den eigenen Wünschen an sich selbst kann zusätzlich verstärkt werden, wenn sie bildhaft dargestellt werden, z. B. mit einer Collage aus Illustriertenanzeigen. In der Auswahl des Bildmaterials lässt sich auch schön zeigen, welche Produkte mit welchen unerfüllten Wünschen und Sehnsüchten werben.

In der Diskussion mit Pädagogen, die dieses Spiel auf einer Fortbildung kennen lernen, taucht oft die Frage auf, ob es denn sinnvoll ist, Wünsche an eine Fee formulieren zu lassen, die ja dann – mangels realer Fee – doch nicht in Erfüllung gingen, was wiederum nur Frustrationen bei den Kindern hervorriefe.
Viele der Wünsche, die Kinder bei diesem Spiel äußern, kreisen um die Schule

oder um das Zuhause. Die wenigsten lassen sich ohne eine Fee erfüllen:

- „Meine drei Schwestern sollen verschwinden."
- „Mein Bruder soll mich nicht mehr ärgern."
- „Ich möchte meinen 14-jährigen Bruder zweimal im Kampf besiegen."
- „Ich möchte größer als meine Schwester sein."
- „Mama soll wieder heiraten."
- „Ich möchte der Beste in der Schule sein."
- „Ich möchte im Lesen Klassenbester sein."
- „Weniger Hausaufgaben."
- „Mehr Hausaufgaben."

(Dies waren einige Originalwünsche von Kindern aus einer Gruppe einer Kernzeitbetreuung.)

Wenn erst einmal erkannt ist, wie sehr ein Kind die Konkurrenz mit den Geschwistern, die Trennung der Eltern oder Leistungserwartungen in der Schule tatsächlich beschäftigen, kann man auch gegensteuern.

Schaufenster der Sehnsüchte

Material: Kleider, Möbel usw., pro Kleingruppe ein vorbereiteter Themenzettel
Teilnehmer-Zahl: ab 12

Dauer: 30–45 Min. ohne Auswertung, in der Schule für zwei zusammenhängende Schulstunden

Spielregel: Der Spielleiter teilt die Gesamtgruppe in 3er- bis 5er-Gruppen. Er gibt dann verdeckt jeder Kleingruppe einen der vorbereiteten Themenzettel mit der Aufgabe, zu diesem Titel ein Schaufenster zu dekorieren. Die Gruppenmitglieder dienen dazu als Schaufensterpuppen, sie können sich aber noch mit weiterem Material, welches gerade vorhanden ist, ausstaffieren.

Nach 10–15 Minuten Bedenkzeit, Vorbereitung und Probe werden dann reihum die Schaufensterszenen gestellt. Die anderen Gruppen sollen das Thema erraten.

Aufschriften der Themenzettel können z. B. sein: „Freiheit" – „Abenteuer" – „Luxus" – „Jugend"/„Jungsein" – „dominant männlich" – „zauberhaft weiblich" – „Freundschaft" – „Zärtlichkeit" – „Lebensfreude" – „Energie" (Kopiervorlage nächste Seite)

Variante: Jede Kleingruppe dekoriert nicht aus sich selbst, sondern mit den Mitgliedern einer Partnergruppe eine Schaufensterszene – danach wechseln.

Auswertungsfragen:
- Warum haben die Gruppen ihr Thema gerade so gestaltet?
- Wurden bekannte Werbebilder oder -filme kopiert? Von welchen Produkten?
  (Anmerkung: Die Themen wurden alle aus der Zigarettenwerbung entnommen!)
- Was hat es den anderen erleichtert oder erschwert, das Thema zu erraten?
- Welche Sehnsüchte sind den Teilnehmern aus ihrem Leben bekannt?

Pädagogischer Hinweis: Für die sich unmittelbar anschließende Auswertung ist es hilfreich, wenn der Spielleiter die Szenen auf Video aufnimmt, so dass sich nachher auch die Darsteller selbst anschauen können. (Daneben lohnt es sich immer, die Szenen auch per Foto zu dokumentieren!)
Das Spiel regt dazu an, über eigene Sehnsüchte und den Umgang damit nachzudenken. „Wie kann sich jeder selbst, wie können wir uns gemeinsam helfen, unsere Sehnsüchte zu befriedigen?", ist die Kernfrage dieses Spiels, auf die in der Auswertungsdiskussion viele Antworten gefunden werden sollten.
Nach Ulrich Baer: „Schaufensterdekoration" aus: „666 Spiele"

Das Spiel des Lebens sieht sich heiter an, wenn man den sicheren Schatz im Herzen trägt.
Schiller, Die Piccolomini

Lassen Sie uns kurz zwischen dem dritten und dem vierten Teil dieses Buches, zwischen „Suchtvorbeugung von Anfang an" und „Spiele für Schule, Jugendarbeit und Betrieb" innehalten und über einige Fragen nachdenken, die mit diesem Dazwischen zu tun haben.

Denn in diesem Zwischenraum, zwischen Kindheit und Jugend, geschieht etwas Unmerkliches. Nicht nur, dass hier ein großer Schritt vom Kind zum Erwachsenen gegangen wird. Auch was unser Thema Sucht angeht, gibt es hier ein „Vorher" und ein „Nachher". Die Entwicklung vom normalen Genuss hin zu Missbrauch und Sucht ist fließend und geht für den Betroffenen fast unmerklich vorwärts, als ob ein Zug über eine verborgene Weiche von einem Gleis auf ein anderes wechselt. Erst anschließend kann man feststellen, dass dieser Übergang bereits geschehen ist.

Diese Entwicklung ist jedoch nicht unaufhaltsam oder unabwendbar: alle, die einen jungen Menschen auf seinem Weg in die mögliche Abhängigkeit begleiten, haben einen kleinen, aber nicht wegzuleugnenden Einfluss darauf, die Weichen so oder so zu stellen.

Verdeutlicht werden soll dies an einer Geschichte eines jungen Mannes, der in dieser Geschichte Michael heißt.

Am Ende ist ein Schema gezeigt, das den vier Hauptwurzeln der Sucht: (Persönlichkeit, sozialer Nahraum, Angebot an Suchtmitteln bzw. süchtigen Verhaltensweisen und gesamtgesellschaftliche Rahmenbedingungen, vgl. das Vorwort), Präventionsansätze gegenüberstellt. Dieses Präventionsviereck ist zwar für den Bereich Schule konzipiert, jedoch lassen sich davon leicht auch Methoden für andere Bereiche ableiten.

Geschrieben habe ich die Geschichte nach einer wahren Begebenheit. So, wie sie da steht, erzähle ich sie gern bei Fortbildungen für Lehrer oder Jugendarbeiter, weil aus ihr schön zu sehen ist, was Jungen und Mädchen brauchen, um für ihr Ich keine Sucht als Krücke zu benötigen.

Zwischenspiel: „Michael" oder: Früh krümmt sich …

Michael war einmal ein ganz normaler Junge, der in einer ganz normalen Familie aufwuchs. Jedenfalls war sie für Michael normal, er kannte ja schließlich nichts anderes. Freilich: gewünscht hätte er sich schon manches anders, z. B. dass seine Eltern mehr Zeit für ihn gehabt hätten. Aber sein Vater, der als Abteilungsleiter bei einer Computerfirma arbeitete, hatte schon immer ziemlich viele Überstunden gemacht, so dass der immer erst spät heimkam und dann natürlich kaputt war und keine Lust hatte, mit Michael zu spielen oder sich mit ihm zu unterhalten. Ja, und seine Mutter hatte auch noch die beiden kleinen Geschwister zu versorgen, und später, als das Haus gebaut war, war erst recht kaum noch Zeit da, weil seine Mutter nun halbtags arbeitete, um die Schulden abzuzahlen.

Gut für Michael, dass es das Fernsehen gab. Das ersetzte ihm die Eltern und bald auch die Freunde. Freunde hatte Michael nämlich nicht so viele; er war auch eher der verschlossene Typ und fand nicht so schnell Anschluss. Jedenfalls war es nicht so, dass er sich die Freunde hätte aussuchen können. Natürlich hätte er gern richtig gute Freunde gehabt! Aber es war dann so, dass er die nehmen musste, die ihn aussuchten – oder auch nur duldeten. Diese „Freunde", die er dann hatte, waren wohl auch nicht immer förderlich für ihn.

In der Schule war Michael nicht schlecht, aber auch keine Leuchte seines Jahrgangs. Besonders beliebt bei seinen Klassenkameraden war er auch nicht, er lief eben so mit. So war im Grunde nicht viel da, was dem Michael das Leben lebenswert gemacht hätte. Bis er dann den Alkohol für sich entdeckte. Oder besser gesagt: wieder entdeckte.

Denn obwohl seine Eltern gerne und öfters mal was tranken, so zur Entspannung – eigentlich eher sein Vater, seine Mutter nahm lieber eine Kopfschmerztablette – achteten sie darauf, dass Michael nicht an die Flaschen konnte, und sperrten sie gut weg. Höchstens zu Weihnachten oder Silvester durfte er mal die letzten Schlucke aus den Sektgläsern seiner Eltern trinken, und – sei es durch den Sekt oder die Geborgenheit im Familienkreis bei solchen Gelegenheiten – er fühlte sich sehr wohl in diesen Minuten und behielt solche Feiern immer in guter Erinnerung.

Solche Erinnerungen an bestimmte Anlässe, das Gefühl von Entspannung, einfach ein Wohlgefühl nach Alkoholgenuss kennen wir wohl alle. Niemand muss sich deshalb selbst ertappt fühlen. Das ist die normale Wirkung von in Maßen genossenem Alkohol. Gut ist es freilich, außer der Entspannung durch Alkohol oder Medikamente noch andere Möglichkeiten zu kennen, die man anwenden kann.

Vielleicht war diese Erfahrung für Michael etwas früh. Damals war er acht oder zehn gewesen. Jetzt war er dreizehn und mit seiner Klasse im Schullandheim. Einer seiner Zimmergenossen schmuggelte Sixpacs mit aufs Zimmer und einmal auch Jim-Beam-Cola, und Michael merkte, wie gut er sich auf einmal da-

mit fühlte. Hatte er in den ersten paar Tagen noch ein bisschen Heimweh gehabt und sich unter den großspurigen Klassenkameraden, die auf einmal tolle Geschichten von Mädchen erzählen konnten, ziemlich unwohl gefühlt, erlebte er sich mit zwei Büchsen Bier im Bauch auf einmal genauso stark. Auch war er den Mädchen gegenüber in der Disco gar nicht mehr so schüchtern.
Michael hatte hier „Starke Gefühle". Unter Alkoholeinfluss erlebte er sich selbstbewusst und selbstsicher. Und er erlebte sich plötzlich seinen Zimmerkumpanen gegenüber gleichberechtigt, er hatte etwas Gemeinsames mit ihnen, was bislang so noch nicht da gewesen war. Ich glaube, auch solche Gefühle sind den meisten von uns nicht unbekannt. Ich hoffe, wir haben noch andere Mittel, die es uns erlauben, uns im Freundeskreis gut darzustellen, die uns Selbstsicherheit geben oder die uns ganz toll flirten lassen. Michael kannte diese nicht.
Als das Schullandheim vorbei war, konnte er feststellen, dass der Alkohol auch daheim gut tat. Wann immer sich Michael nicht so gut fühlte, wusste er nun, wie er sich wieder ins Gleichgewicht bringen konnte. Anfangs brauchte er noch nicht viel dazu, es war schließlich auch eine Frage des Taschengeldes, aber ab der zehnten Klasse trank er auch schon mal vor dem Unterricht oder in den Pausen. Und weil er sich inzwischen von einem einstmals eher stillen Zeitgenossen zu einem ziemlichen Störer im Unterricht entwickelt hatte, war es seinen Lehrern gar nicht Unrecht, wenn Michael zwar gut gelaunt, aber zurückhaltender im Unterricht erschien, und sie forschten nicht weiter nach. Dass seine Schulleistungen mehr und mehr absackten, erklärten sich sowohl Eltern wie auch Lehrer mit der Pubertät.
Im Übrigen betonte der Schulleiter bei allen Elternabenden, dass seine Schule suchtfrei sei, und die Lehrer beurteilten das genauso.
Schwierigkeiten, an Alkohol zu kommen, hatte Michael übrigens nicht. Weder im Supermarkt noch am Kiosk an der Ecke schien sein Alter beim Einkaufen von Wein, Bier oder Spirituosen eine Rolle zu spielen.
Als sich die Noten bei Michael in der elften Klasse auf breiter Front alle um die 5 bewegten, verließ er das Gymnasium auf den guten Rat seines Klassenlehrers, ohne die Klasse zu wiederholen, und fand eine Lehrstelle als Landschaftsgärtner. Später wollte (oder sollte) er über die Berufsaufbauschule die Fachhochschule nachholen und Landschaftsarchitektur studieren, das war jedenfalls die Perspektive, die sein Vater entwickelte.
Allerdings verlor Michael die Lehrstelle fast wieder, weil sich eine Kundin über ihn wegen seiner Alkoholfahne beschwerte. Nur die Fürsprache eines Gesellen rettete ihn. Das war der Udo, der unheimlich viel vertragen konnte und der Michael das Gefühl vermittelte, das gehöre zu einem richtigen Mann.
Da Übung den Meister macht, übte Michael mit Ausdauer, ein richtiger Mann zu werden, und trank nun regelmäßig: zum Vesper, zum Mittag und zum Feierabend, meistens immer etwas mehr als seine Kollegen. Aber die sagten nichts, denn sie wollten ihm die Chancen nicht verbauen.
So in dieser Zeit muss es gewesen sein, dass die Rutschbahn in Richtung Sucht sich für Michael soweit geneigt hatte, dass er sich nicht mehr aus eigener Kraft hätte halten können, dass eine Eigendynamik ins Spiel kam.
Seinen Führerschein musste er dann nach einem Vierteljahr auch schon wie-

der abgeben – 1,8 Promille zeigte sein Bluttest. Klar, dass es ihm danach überhaupt nicht gut ging, und er musste inzwischen ganz schön nachlegen, bis er sich wieder soweit im Lot hatte und das Leben erträglich fand.
Mit Mädchen war das auch so eine Sache bei Michael. Anmachen konnte Michael die Mädchen nur, wenn er unter Strom stand, und dann war er auch ziemlich witzig und kam bei einigen ganz gut an. Da er aber dann auch im „Beziehungsalltag" häufig blau war, klärende Gespräche überhaupt nicht abkonnte und dazu auch noch ziemlich eifersüchtig war, hielten seine Freundschaften zu Mädchen nie lange.
Als er sich nach der Lehre auf der Berufsaufbauschule bewarb, wurde er nicht genommen. Den Lehrern der Prüfungskommission war seine Fahne nicht verborgen geblieben, die er sich für diese schwierige Situation angetrunken hatte. Bei der Verabschiedung auf dem Flur nahm ihn einer der Lehrer beiseite und empfahl ihm den Besuch einer Suchtberatungsstelle. Michael sagte gar nichts, sondern ging. Innerlich wies er ein solches Ansinnen weit von sich. Schließlich war er ja nicht süchtig!
Vielleicht war er es in dem Moment auch noch nicht, aber er war kurz davor. Er trank zu viel zur falschen Zeit. Ihm war der Alkohol bereits wichtiger geworden als sein berufliches Fortkommen.

Michael fehlte in dieser Situation und auch schon auf dem Weg dorthin allerlei, was er in seiner Kindheit und Jugend hätte lernen sollen:
Mit negativen Rückmeldungen konnte er nicht umgehen. Er schluckte sie eben einfach runter.
Konflikte konnte er nicht aushalten oder befriedigend austragen.
Über seine Gefühle – gute wie schlechte – hatte er nicht zu reden gelernt.
Seine eigene Wahrnehmung von sich selbst und die seiner Umwelt, also Selbst- und Fremdwahrnehmung, klafften weit auseinander.
Tja, jetzt hatte Michael keinen Führerschein mehr, keine Freundin und keine Arbeit, dafür aber viel Zeit und viel Selbstmitleid. Beides versuchte er mit seinem gewohnten Mittel erträglich zu machen. Ein Leben ohne Alkohol war für Michael inzwischen nicht mehr vorstellbar.

Hier wollen wir Michael einmal verlassen und überlegen, was Michael gebraucht hätte, um nicht alkoholabhängig zu werden:

- mehr Zuwendung und Anteilnahme der Eltern
- gute Freunde
- das Leben lebenswert finden
- die Fähigkeit, zu genießen
- die Fähigkeit, sich zu entspannen
- die Fähigkeit, intensive Gefühle zu spüren und ausdrücken zu können
- Grenzen in seinem Experimentieren mit Alkohol und anderen Ersatzbefriedigungen
- Selbstbewusstsein und Selbstsicherheit
- Sicherheit in seiner Rolle als Mann
- Beziehungsfähigkeit

- Fähigkeit, mit negativen Rückmeldungen umgehen zu können
- Konflikte aushalten oder befriedigend austragen zu können
- eine weitgehende Übereinstimmung von Selbst- und Fremdwahrnehmung

Kinder brauchen Lern- und Übungsfelder, um diese Fähigkeiten zu entwickeln und entsprechende Erfahrungen zu machen.

Diese Lern- und Übungsfelder sind kaum noch von sich aus vorhanden. Durch unsere Mediengesellschaft sind viele direkte Erfahrungen seltener geworden und mühsamer zu erreichen. Die Teilhabe an medialen, vermittelten Erfahrungen dagegen ist so leicht und bequem!

Um so wichtiger werden demgegenüber pädagogisch organisierte Lern- und Erfahrungsfelder, die den Alltag ergänzen können.

Eine breite Auswahl von Möglichkeiten für den Bereich der Schule sehen Sie auf der folgenden Seite.

Die dort beispielhaft aufgeführten Aktionen haben jede für sich schon ihren eigenen Wert, doch nur in ihrer Kombination und gegenseitigen Ergänzung werden sie ihre volle Wirkung entfalten. Es lohnt sich, das Schema für die eigene Schule oder Einrichtung zusammen mit anderen Interessierten zu vervollkommnen.

Präventions-Viereck
Beispielhafte Aktivitäten an der Schule

„Kinder stark machen“
Erlebnispädagogik
Abenteuer
Sport
Gemeinschaftserlebnisse
Freizeitanregungen
Soziales Kompetenztraining
Soziales Lernen
Entspannung

Persönlichkeit

Elternarbeit/-bildung
Schulprojekte
Cliquen-Arbeit
Multiplikatorenseminare
Zusammenarbeit mit
Jugendarbeit
Schulsozialarbeit
Fallbesprechungen/
Supervision

soziales Umfeld

Wirkungsbereiche der Prävention

**Suchtmittel/
süchtiges Verhalten**

Überprüfung des Umgangs mit
legalen Suchtmitteln an der Schule
Raucherecke für Schüler/
Raucherzimmer für Lehrer?
Schulfeste
Alternativen zu Suchtmitteln
„alkoholfreie Mixgetränke“
Aktion „Alkoholfrei Billiger“

**Gesellschaftliche
Bedingungen**

Medienkampagnen
Plakatwettbewerbe
politische Aktivitäten
kommunale Arbeitskreise
Veränderungen gesellschaftlicher
Wertvorstellungen

Kapitel 4

Spiele für Schule, Jugendarbeit und Betrieb

Einführung

„Nimm dir Zeit, um zu arbeiten, es ist der Preis des Erfolges. Nimm dir Zeit, um nachzudenken, es ist die Quelle der Kraft. Nimm dir Zeit, um zu spielen, es ist das Geheimnis der Jugend …"

Isländische Weisheit

Dieser Teil des Buches möchte die Brücke zwischen drei Bereichen schlagen, zwischen denen es auf den ersten Blick manches Verbindende, aber auch viel Unterschiedliches und Trennendes gibt: den Bereich der Schule, den der Jugendarbeit und den der Arbeitswelt.
Ich habe mich bei der Zusammenstellung jedoch aus mehreren Gründen dafür entschieden, die Bereiche in einem Teil zusammenzufassen.
So finden wir im Jugend- und Erwachsenenalter eine Phase vor, in der sich der Probierkonsum entweder zum Genuss- oder zum Suchtkonsum hin verändert und zu stabilisieren sucht. Was Suchtvorbeugung hier erreichen kann, geht über die bloße Persönlichkeitsstärkung hinaus. Werte und Einstellungen müssen gefunden und gefestigt werden, eigenes Verhalten muss auf seinen Zielerfolg hin geübt, überprüft und hinterfragt werden; dies gilt auch noch im Erwachsenenalter.
Außerdem kommt die Altersgruppe der über 15-jährigen Jugendlichen in allen drei Bereichen vor, verstärkt natürlich in der Berufsschule oder in der Jugendhilfe.
Der wichtigste Grund für die Zusammenfassung in einem Kapitel resultiert aus den vorgenannten. Der Grund ist die Hoffnung, die Benutzer dieses Buches würden dadurch geneigt sein, ein bisschen über ihren jeweiligen Tellerrand hinauszuschauen und auch in den Nachbarfeldern ein wenig die Luft einzuatmen, sprich: zu überprüfen, ob nicht manche Spielideen nach etwas Frisierarbeit auch für das eigene Arbeitsfeld geeignet wären. Es könnte sich lohnen …
Jugendliche wissen über manche Suchtmittel bereits weit besser Bescheid als ihre Lehrer und Eltern. Man mag diesem Wissen vorwerfen, dass es unvollständig, einseitig und ideologisch gefärbt sei – tatsächlich ist es häufig sehr konkret und praxisnah. Und unser Erwachsenenwissen, das wir aus Büchern, Filmen und Prospekten haben,– ist es nicht genauso unvollständig, einseitig und ideologisch gefärbt, zumindest aus Sicht der Jugendlichen?
Leider will das keine Seite zugeben, und so werden wichtige Gesprächsmöglichkeiten nicht genutzt. „Was bin ich für eine Sucht?" soll eine Gesprächsbrücke bilden, über die unterschiedlichen Süchte und Suchtmittel ins Gespräch zu kommen und unser Wissen und unsere Erfahrungen auszutauschen.
Das Spiel „Vorstellung mit Gefühl" greift eine Anregung des „Zwischenspiels" auf und zeigt eine gern gespielte Möglichkeit auf, Gefühle zu spüren und zu zeigen.
Außerdem werden in diesem Kapitel weitere Fragen angesprochen wie z. B.:

- „Warum greifen Jugendliche zu Suchtmitteln?"
- „Warum ist es so toll, sich den Kopf zuzudröhnen?"
- „Welche Alternativen gibt es?" und
- „Wie gehe ich in der pädagogischen Arbeit mit suchtgefährdeten Jugendlichen/Erwachsenen um?"

Die Spiele „Drogendesigner“ und die „Vierundvierzig Gründe, weshalb ich drogenfrei lebe“ beschäftigen sich mit der Faszination von Drogen und der Faszination, sein Leben „ungefiltert“ zu genießen; beide Spiele zielen darauf ab, die Spieler zu einer weitgehend drogenfreien Lebensweise zu ermuntern.
Das Spiel „Was ich alles kann“ beschäftigt sich dagegen mit den eigenen Stärken, die Süchte als Krücke für die eigene Lebensführung überflüssig machen.
Die „Drückerkolonne“ geht dagegen eher auf Schwächen ein: Um welche Situationen drücke ich mich lieber herum, welche „Drückstrategien“ gibt es? Und wie lassen sich unangenehme Situationen statt dessen befriedigend lösen?
Nach Suchtursachen im Jugendhaus und in der Schule suchen zwei darauf zugeschnittene Varianten des Prioritätenspiels.
Alle diese Übungen sind vielfältig einsetzbar:

- für Jugendliche in Schule (ca. ab der 6./7. Klasse), Ausbildung und Jugendarbeit,
- in der Erwachsenen- und Familienbildung,
- für die Aus- und Fortbildung von Multiplikatoren.

Die Szenarien zum ABC-Rollenspiel und zum Parteilichen Rollenspiel, deren Spielregel in Kapitel 3 beschrieben wurde, sind Spiele aus der Sekundärprävention, denn sie behandeln bereits Fälle von Gefährdung und den möglichen Umgang damit. Zielgruppe sind in erster Linie Multiplikatoren, also nicht Jugendliche selbst.
Auf die Rechtslage im schulischen Bereich geht die Übung „Sucht an der Schule“ mit einer Falldiskussion und einer Checkliste ein, welche sich bei Lehrerfortbildungen und Pädagogischen Tagen bewährt haben.
Auch das Thema „Sucht im Betrieb“ verlässt die eigentliche Prävention; hier werden wir uns eher mit demjenigen Stadium beschäftigen, bei dem die Vorbeugung bereits zu spät kommt. Nähern werden wir uns dieser Problematik mit zwei Rollenspielen. Das ABC-Rollenspiel „Der starke Hans“ lässt uns die ambivalente Haltung des Co-Alkoholismus spüren, das „Planrollenspiel“ spielt einen Fall mit Hilfe einer Betriebsvereinbarung durch. Um an die Schlüssel betrieblicher Suchtvorbeugung zu gelangen, ist ein auf den betrieblichen Bereich hin zugeschnittenes „Prioritätenspiel“ angefügt.

Die ganze Welt ist Bühne.
Und alle Fraun und Männer bloße Spieler.
Sie treten auf und wieder ab,
Sein Leben lang spielt einer manche Rollen,
Durch sieben Akte hin.

Shakespeare: „Wie es Euch gefällt"

Im „Zwischenspiel" vor diesem Kapitel wurde gezeigt, wie wichtig es ist, über Gefühle reden zu können, sie zeigen zu können, zu ihnen zu stehen. Das folgende Spiel soll Gefühle einmal spielerisch aufgreifen und dabei zeigen, dass es sehr wohl Spaß machen kann, Gefühle zu zeigen, anstatt immerzu nur „cool" zu sein.

Es zeigt auch, dass es Gefühle gibt, die ähnlich sind, aber doch anders bzw. in verschiedenen Situationen empfunden werden, auch wenn sie sehr ähnlich dargestellt werden. Dadurch bietet das Spiel einen flüssigen Diskussionseinstieg zu guten und schlechten, zu passenden und „unpassenden" Gefühlen (und zu der Frage, ob es unpassende Gefühle überhaupt gibt). Auch wenn es ein Namensspiel ist, so ist es kein klassisches Kennenlernspiel. Es wäre besser, die Gruppe wäre schon so weit miteinander bekannt, dass die Namen der Gruppenmitglieder allen geläufig sind, besser noch, dass auch Vertrauen genug da ist, den Ausdruck von Gefühlen zu zeigen und zu üben.

Vorstellung mit Gefühl

Material: Je Mitspieler ein vorbereiteter „Gefühlszettel".
Spielregel: Jeder Mitspieler bekommt vom Spielleiter verdeckt einen Gefühlszettel. Darauf stehen verschiedene Gefühlsregungen oder Haltungen, die mehr oder weniger einfach szenisch wiederzugeben sind. Reihum soll nun jeder Mitspieler seinen Namen mit Tonfall, Mimik und Gestik entsprechend dem angegebenen Gefühl der Gruppe mitteilen (und evtl. dabei ruhig eine kleine Szene entstehen lassen). Anschließend soll die Gruppe das dargestellte Gefühl erraten.
Als Aufschriften der Gefühlszettel eignen sich z. B.:
aggressiv, angeekelt, ängstlich, argwöhnisch, arrogant, bedauernd, begeistert, beglückt, gemütlich, belastet, durchtrieben, eifersüchtig, eingeschnappt, einsam, entschlossen, enttäuscht, verbittert, erleichtert, ernst, erschöpft, erschreckt, erstaunt, fröhlich, frustriert, gehässig, gelangweilt, glücklich, hartnäckig, hinterhältig, hysterisch, in sich gekehrt, interessiert, kalt, konzentriert, lässig, lüstern, mich verteidigend, mies, missbilligend, mitfühlend, motiviert, müde, mutig, nachdenklich, negativ, neidisch, neugierig, optimistisch, positiv, ratlos, schüchtern, selbstbewusst, sorgenvoll, stolz, streng, teilnahmlos, traurig, unbekümmert, unentschlossen, ungläubig, unterwürfig, verängstigt, verletzt, verliebt, verspielt, verwirrt, vorsichtig, widerspenstig, wütend, zornig, zufrieden, zuversichtlich.

Die Kopiervorlage auf der nächsten Seite enthält einige leichter zu spielende Gefühle, die sich auch mit schauspielerisch wenig geübten Gruppen spielen lassen, ohne anspruchslos zu sein.
Variante: Zwei Partner stellen das zu erratende Gefühl in einer pantomimischen Szene oder Skulptur vor.
Pädagogischer Hinweis: Wird ein Gefühl nur schwer erraten, kann der Spielleiter vorschlagen, dass das gegensätzliche Gefühl gespielt werden soll.

Begeistert	Mies	Teilnahmslos	Stolz	Verliebt	Zornig
Fröhlich	Ernst	Müde	Traurig	Verspielt	Konzentriert
Lässig	Gehässig	Eifersüchtig	Streng	Unterwürfig	Widerspenstig
Mutig	Unbekümmert	Hinterhältig	Schüchtern	Motiviert	Lüstern

In einer Fortbildung für Erzieherinnen und Erzieher in Ausbildung an einer Fachschule für Sozialpädagogik ließ ich die Teilnehmer einmal zusammentragen, was Drogen aller Art – ungeachtet der Gefahren – für positive Wirkungen hätten. Das Ergebnis in seiner Vielzahl von Pluspunkten von Drogen mag je nach Standpunkt überraschend oder erschreckend sein, interessant ist es auf jeden Fall:

Frage: Welche positiven Wirkungen von Drogen aller Art kennen Sie oder vermuten Sie?

Antworten:

a) Herstellung positiver Gefühle: Entspannung, Hebung des Selbstbewusstseins, abschalten, Zufriedenheit, Lustempfinden, keine Probleme, Losgelöstsein, Ärger verdrängen, Glücksgefühl, gute Laune, Ausgeglichenheit, Gemütlichkeit, keine Angst mehr, loslassen können, Veränderungen von negativem zu positivem Stress, für sich Zeit nehmen, Freiheit, weniger Stress, Pause haben, beschwingt sein, bessere Verdauung, fit machen, Langeweile vertreiben, Beruhigung, als Entschuldigung für Versagen oder Fehlverhalten, Cool sein, erwachsen wirken, mehr Leistung bringen, Rauschzustand, Zeit zum Nachdenken, Gewohnheit;

b) Befriedigung sozialer Bedürfnisse: Ersatz für Anerkennung, dazugehören, Gemeinschaft erleben, Aufmerksamkeit erhalten, Geselligkeit, Hemmungen werden schneller überwunden, Kontaktfreude, Offenheit, Trost, Sicherheit im Auftreten;

c) Veränderung des eigenen Erlebens, der Wahrnehmung: Abwechslung, etwas Neues erleben, wach machen, antreiben, schmeckt gut, Genuss.

Wir können zu Recht annehmen, dass die hier beschriebenen Wirkungen auch diejenigen sind, die Suchtmittel generell attraktiv machen und weshalb sie benutzt werden. Doch lassen sich diese erwünschten Wirkungen nicht auch auf andere Weise, ohne die Einnahme von Mitteln erreichen? Auch auf spielerischem Wege und mit mehr Spaß lassen sich Bedürfnisse von Jugendlichen und Erwachsenen herausarbeiten, bei denen diese (vielleicht) geneigt sind, sie über Drogen zu befriedigen. Der „Drogendesigner" ist ein wunderschönes Spiel, das gerade dies zum Ziel hat. Dem Spiel vorausgehen sollte eine Klarstellung der im Spiel verwendeten Begriffe, wie z. B. „akute Wirkung" und „Langzeitwirkung", „Körperliche und seelische/psychische Abhängigkeit", „positive und negative Nebenwirkungen" etc. Das Spiel zeigt im Ergebnis die Wünsche der Gruppenmitglieder an sich selbst, an die eigene Person: Jugendlichen wünschen sich häufig stetiges gutes Draufsein, Attraktivität, bessere Leistungen; Erwachsene eher eine größere Belastbarkeit, besseren Umgang mit Stress und Enttäuschungen – jeder das, wo ihn am meisten der Schuh drückt. Ausgedrückt wird dies fast immer in denselben Vokabeln, die auch die angehenden Erzieher/innen (s. o.) als tatsächliche positive Drogenwirkungen beschrieben haben. Das Spiel legt nahe, dass die Mitspieler zur Erfüllung dieser Wünsche – vielleicht – auch zu Drogen greifen würden, wenn diese ihnen die Erfüllung versprächen. Gute Suchtprävention wäre nun, aus dieser Liste von Wünschen ein Projekt im Bereich der Lebenskompetenz zu machen, aus dem die Teilnehmer mitnehmen, wie man sich seine Wünsche ohne Chemie erfüllen kann.

Drogen-Designer

Diese Übung soll die Frage klären, warum man sich die persönliche Befindlichkeit lieber (oder lieber doch nicht) mit Chemie stimuliert als aus eigener Kraft. Diese eigenen Kraftpotentiale zu benennen ist das eigentliche Ziel des Spiels.

Material: Wettbewerbsformulare, Folie mit Formular, Tageslichtprojektor, Stifte
Teilnehmer-Zahl: ab 3, bis zu Schulklassengröße
Dauer: 30–45 Min.
Spielregel: Die Teilnehmer setzen sich in Kleingruppen zu max. fünf Personen zusammen. Jede Gruppe bildet ein Forscherteam, das versucht, die „Superdroge" zu erfinden. Die Spielleitung stellt sich hierzu als Vertreter der „International Drug Design Foundation IDDF" vor, einer Vereinigung, die an der Entwicklung einer Superdroge arbeitet. Da die eigenen Forschungslabors der IDDF momentan nichts zuwege bringen, sollen neue innovative Forscherteams (= die Mitspieler) die Entwicklung vorantreiben, zunächst einmal in einem theoretischen Szenario. Ihre Ergebnisse tragen die von der Spielleitung initiierten Forscherteams auf dem Wettbewerbsformular ein.
Fragestellungen, die die Forscherteams sich stellen und beantworten müssen, sind z. B.:
- Welche Wirkungen eine „Superdroge" haben?
- Hat sie eine abhängig machende Wirkung (physisch/psychisch)? Wenn nicht, wie wird das erreicht?
- Welche schlechten Nebenwirkungen sollte die Droge auf keinen Fall haben?
- Welche guten Nebenwirkungen sollten in die Droge eingebaut werden?
- Welchen Namen soll die Droge erhalten?

Nach dem „Erfinden" der Superdroge stellen die Kleingruppen einander ihre Arbeitsergebnisse vor, indem die Wettbewerbsbögen an die Wand geheftet werden. Eine Jury mit je einem Vertreter aus allen Gruppen soll die Bewertung vornehmen.

Punkte zur Auswertung:
- Welche positiven Wirkungen wurden genannt? (Von der Spielleitung besonders hervorzuheben!)
- Welche Wünsche an sich selbst äußern die Teilnehmer damit?
- Warum ist die Gefahr sehr groß, dass so eine Droge trotz anderer Absicht psychisch abhängig machen würde?
- Da es diese Droge tatsächlich (noch) nicht gibt: Durch was könnte man die positiven Wirkungen auch ohne Chemie erreichen?
- Bei wem stellt sich Wirkung „X" bereits auch ohne Droge ein? Welche persönlichen Eigenschaften/Fähigkeiten hat er dafür? Kann er diese auch anderen vermitteln?

• International Drug Design Foundation IDDF •
• Internationaler Wettbewerb „SUPERDROGE" •
• Wettbewerbsformular der Drogenforschergruppe •

Name der Droge:

Wirkungsweise

a) positive Wirkungen:

b) negative Wirkungen:

c) Dauer der akuten Wirkung:

d) Dauer von möglichen Langzeitwirkungen:

e) Suchterzeugung: ❑ Körperlich ❑ Seelisch ❑ Keine

f) Falls keine Suchterzeugung: Wie geschieht das?

Die Droge hat folgende negativen Nebenwirkungen:

Die Droge hat folgende positiven Nebenwirkungen:

Signaturen:
Prof .... Dr. .... Magister .... Dipl.-Design. ....
Prof. Dr. .... International Drug Design Foundation IDDF

President ....

Hier kann sich jeder der Gruppe einen Titel aussuchen und unterschreiben.

Erinnern Sie sich noch an „Was bin ich?" mit Robert Lembke? Woody Allen hat dieses Ratespiel in seinem Film „Was Sie schon immer über Sex wissen wollten" wunderbar persifliert und „Was bin ich für ein Perverser?" daraus gemacht. Hier ist eine neue Fassung dieses Evergreens!

Das Spiel braucht mehr Zeit als das „Sucht-Einführungsspiel"; es ist eher für die Schule geeignet, z. B. als spielerische Wiederholung der Klärung des Suchtbegriffs oder für eine Gruppenstunde in der Jugendgruppe.

„Was bin ich für eine Sucht?"

Material: Karteikarten mit Suchtbegriffen (s. „Sucht-Einführungsspiel" S. 19)
Spielregel: Der Spielleiter mischt die Karten und schaut sich die oberste an. Die Gruppe soll durch Fragen, die der Spielleiter mit „Ja" oder „Nein" beantwortet, die gesuchte Sucht erraten. Anschließend nimmt der Spielleiter die nächste Karte vom Stapel.
Variante: Das Spiel kann auch mit zwei oder mehr gegeneinander spielenden Gruppen gespielt werden. Eine Gruppe darf dabei so lange raten, bis sie ein „Nein" bekommt.

Abstinenz von sämtlichen Suchtmitteln ist nicht unbedingt das Ziel von Suchtprophylaxe: „Alle präventiven Maßnahmen müssen folgende Leitlinien in der Drogenpolitik vermitteln:

- *Totale Abstinenz im Hinblick auf illegale Drogen*
- *Selbstkontrollierter Umgang mit ‚legalen Suchtmitteln' (z. B. Alkohol, Tabakerzeugnisse) mit dem Ziel weitgehender Abstinenz*
- *Bestimmungsgemäßer Gebrauch von Medikamenten"*

(Nationaler Rauschgiftbekämpfungsplan der Bundesregierung, 1990)

Aber ein bewusster, selbstgewählter Verzicht auf Rauschmittel ist natürlich ein guter Schutz gegen Abhängigkeit. Zu glauben, dass dieser Ansatz allgemein Erfolg versprechend wäre, ist jedoch eine Illusion.

Die Anregung zu dem folgenden Spiel in Form der 44 Gründe stammt von Florian Klee von den „Guddies", einer Schweizer Gruppe von Jugendlichen, die für sich entschieden haben, auf Drogen zu verzichten, und dennoch (oder gerade deshalb) Spaß in ihrem Leben zu haben.

Kontaktadresse: Schweizer Guddies, Hohe Winde Str. 4, CH-4059 Basel.

Vierundvierzig Gründe, weshalb ich drogenfrei lebe

Material: pro Teilnehmer mindestens zwei der vorbereiteten 44 „Gründe-Kärtchen" von Seite 94/95 (notfalls entsprechend oft kopieren), ein Blankokärtchen im gleichen Format sowie ein Blatt Papier; Klebstoff, grüne, gelbe und rote Klebepunkte oder entsprechend farbige Stifte
Teilnehmer-Zahl: 8–44
Dauer: 30–45 Min.
Spielregel: Vor dem eigentlichen Spiel soll sich jeder Teilnehmer einen Grund überlegen, warum es für ihn wichtig ist (oder sein könnte), selbst drogenfrei zu leben und notiert diesen Grund auf einem Blankokärtchen. („Drogenfrei" heißt im Sinne dieses Spiels: frei sowohl von illegalen wie legalen Suchtmitteln, Medikamentenkonsum nur bei notwendigem und bestimmungsgemäßem Gebrauch.)
Nun werden die „44-Gründe-Kärtchen" gleichmäßig verdeckt an die Teilnehmer verteilt.
Jeder vergleicht die Aussagen der Kärtchen mit dem selbst geschriebenen Grund, und überlegt, welche der gezogenen Kärtchen ebenfalls auf ihn selbst zutrifft. Dann klebt jeder Teilnehmer die Kärtchen (das selbst geschriebene und die gezogenen) in der für ihn am stimmigsten Reihenfolge von oben nach unten auf das Blatt Papier. Reihum lesen nun alle die Gründe auf den Blättern vor und kommentieren ihre persönliche Reihenfolge. Nachfragen der übrigen Teilnehmer sind erlaubt und gewünscht.
Variante 1: Man darf nicht nur einen, sondern beliebig viele Gründe auf Blankokärtchen schreiben und ergänzt diese dann mit den gezogenen Kärtchen.
Variante 2: Die Teilnehmer kennzeichnen die Aussagen auf den geklebten Kärtchen (also auch die selbst geschriebene) mit Farben oder farbigen Klebepunkten: Grün für „Stimmt für mich voll und ganz!", Gelb für „Kann man so und so sehen!" und Rot für „Stimmt für mich überhaupt nicht!"
Dann werden die Blätter gemischt und verdeckt in die Mitte des Sitzkreises gelegt. Das oberste wird umgedreht und vorgelesen/gezeigt. Wer mag, gibt einen Tipp ab, wer dieses Blatt gestaltet haben könnte. Dann gibt sich der Betroffene zu erkennen und kann seine Wahl und die Vermutungen der anderen kommentieren. Anschließend nimmt er das nächste Blatt auf, usw.
Pädagogischer Hinweis: Das Spiel ist sehr gut geeignet für eine Diskussion darüber, ob und warum man drogenfrei leben sollte. Viele in der Teilnehmer-Gruppe haben sich diese Frage womöglich noch überhaupt nicht gestellt. Auch wenn nicht alle Teilnehmer eine vollständige Abstinenz für sich in Betracht ziehen werden, kann das Spiel die „Drogenfreien" in ihrer Haltung stärken und wird die anderen zumindest zum Nachdenken bringen.

… weil 2,5 Millionen Alkoholkranke 2.500.000 zu viel sind	… weil ich mich ohne Drogen viel besser am Leben berauschen kann
… weil ich nicht abstürzen will, wenn ich abhebe	… weil Drogen doof sind
… weil ich Freunde genieße	…weil ich die Welt verbessern will
… weil mein Verstand mir sagt, dass das der richtige Lebensstil ist	… weil ich die Sonnenstrahlen auf meiner Haut spüre
… weil ich bestimme, wohin mich mein Leben führt	… weil ich mir gegenüber ehrlich sein will
… weil ich vom drogenfreien Lebensstil überzeugt bin	… weil ich einen Sinn in meinem Leben sehe
… weil mein Wellensittich sich auch nicht betrinkt	… weil ich die Probleme der Welt wahrnehmen und etwas zu einer besseren Welt beitragen kann
… weil ich frei sein will	… weil ich weiß, dass mit Drogen niemals ein weltweiter Frieden zu erreichen ist
… weil ich mich am Gesang der Vögel freuen kann	… weil ich auch drogenfrei high sein kann
… weil ich meine Gefühle nicht einfach runterspülen oder wegdrücken will	… weil ich den Wind spüre
… weil ich mich am Sonnenaufgang freuen kann	… weil ich es schön finde, im Kornfeld zu tanzen und dabei das Leben zu spüren

... weil ich die Blumen wachsen höre	... weil mein Hirn mein bester Freund ist
... weil ich einen klaren Kopf haben will	... weil ich niemanden kenne, der Drogen konsumiert und deshalb etwas Positives hat, das ich nicht habe
... weil ich die Verantwortung für mein Leben selbst trage	... weil ich mein Bewusstsein nicht einschränken will
... weil ich Verantwortung trage	... weil ich mich mag
... weil ich mir von niemandem vorschreiben lasse, wann ich wo was zu trinken habe	... weil ich auch ohne Drogen abheben kann
... weil der echte Rausch von innen kommt	... weil ich Umarmungen genieße
... weil ich dann aufnahmefähiger bin	... weil ich weiß, dass mein drogenfreies Leben geil ist
... damit ich besser küssen kann	... weil ich kreativ sein will
... weil das drogenfreie Leben einfach Spaß macht	... weil die Suchtmittellobby sich im Bundestag breit macht
... weil ich mich nicht zerstören will	... weil ich als Mensch ein biologisches Wunderwerk bin
... weil ich keinen Grund sehe, nicht drogenfrei zu leben	... weil ich zufrieden bin

„Was macht das Leben lebenswert?"

Diese Frage hat auf den ersten Blick vielleicht noch nicht viel, auf den zweiten jedoch sehr wohl etwas mit Sucht zu tun. Denn sie führt zu Fragen wie:

- *Was gibt denn meinem Leben seinen Wert?*
- *Worüber freue ich mich in meinem Leben?*
- *Wo habe ich meine Kraftquellen?*
- *Was ist es, was mich jeden Morgen aufstehen und mein Tagewerk beginnen lässt?*

Süchtige haben im Laufe ihres Lebens viele lebenswerte Dinge eingetauscht gegen vermeintlich Lebenswerteres – z. B. Drogen –; irgendwann bestimmt nur dies eine noch ihr Leben und sie sind abhängig. Sich über das, was mir mein Leben lebenswert macht, klar zu werden, ist ein wichtiger Schritt zu innerer Stärke und Lebenskompetenz und zur Verhinderung einer Abhängigkeit.

Das Jugendmagazin der Süddeutschen Zeitung JETZT hat am Ende jedes Heftes die Rubrik „lebenswert – die Hitliste der Gründe, warum es sich diese Woche zu leben lohnt" aus Leserzuschriften zusammengestellt. Oft sind hier ebenso skurrile wie einfache und banale Wertsachen angegeben, doch ist gerade daran zu spüren, dass den Schreiberinnen und Schreibern ihr Leben Spaß macht.

Am 16. Juni 1998 sah diese Liste z. B. so aus:

1. *braune Unterarme*
2. *zu faul sein, sich zu schminken*
3. *Himmelsrichtungen lernen*
4. *Mahlzeit*
5. *Rollschuhe statt Inliner*
6. *mit seinem Hund den Liegestuhl teilen*
7. *Ulf Kirsten, der Bär*
8. *kleinen Kindern beim Spielen zuschauen*
9. *Kaffee, der eigentlich nur aus Milchschaum besteht*
10. *auf ein klärendes Gespräch warten*
11. *Helium*
12. *Schiffschaukeln*
13. *Karikaturen von Mitschülern sammeln*
14. *in den Wildpark gehen*
15. *Reflexe klopfen*
16. *dass die Wäsche, draußen aufgehängt, lecker riecht*
17. *das Positive daran suchen*
18. *alte Kuscheltiere im Speicher besuchen*
19. *Marktfrauen, die mir die schönsten Erdbeeren heraussuchen*
20. *meine Schnecke Jack und seine Verwandten*
21. *Räucherstäbchen (nicht immer, aber immer mal wieder)*
22. *fünf Mark auf der Rennbahn verwetten*
23. *holländische Fleischkroketten*
24. *in Discos reinkommen, die erst ab 18 sind*
25. *dass meine Cousine, die in den nächsten Tagen geboren wird, nach mir benannt wird*

Das folgende Spiel Lebens-Wertmarken greift die Frage „Was macht das Leben lebenswert?" auf und initiiert eine Diskussion über die eigenen Werte.

Lebens-Wertmarken

Material: obige Liste aus JETZT, 5 Karteikarten für jeden Mitspieler (= Wertmarken), ein großer Eimer (bzw. Karton oder Hut)
Teilnehmer-Zahl: bis Klassengröße
Dauer: 30–45 Min.
Spielregel: Der Spielleiter gibt den Mitspielern die Aufgabe, auf jede der fünf Karten je eine Sache zu schreiben, die sein Leben besonders lebenswert macht, die Karten werden dadurch zu Wertmarken. Durch vorausgehendes Vorlesen der obigen Liste wird klar, dass dies auch ganz banale, alltägliche Dinge sein dürfen. Anschließend gibt jeder seine Wertmarken in den Eimer, der Spielleiter mischt sie gut, und dann darf sich jeder aus dem Eimer blind fünf Kärtchen ziehen.
Danach gruppieren sich die Mitspieler in Dreier- oder Vierergruppen, und alle dürfen die Wertmarken, deren Begriffe für sie persönlich weniger Lebenswert darstellen, miteinander gegen die eintauschen, die ihrem Leben mehr Wert geben würde. Dabei muss nicht unbedingt 1:1 getauscht werden: für lebenswertvollere Wertmarken kann man auch zwei oder mehr Marken einhandeln – wenn man sie bekommt.
Nach fünf Minuten oder wenn der Handel abgeschlossen ist, werden neue Kleingruppen gebildet und neu gehandelt – insgesamt viermal.
Anschließend klebt jeder Mitspieler seine Wertmarken, die ihm zuletzt geblieben sind, auf ein Blatt Papier und versieht es mit seinem Namen.
In der nun folgenden Auswertungsrunde stellt jeder sein Blatt vor.

Auswertungsfragen:

- Welche der Begriffe, die du erhalten hast, sind für dein Leben wirklich von Wert, welche geben dir nichts?
- Welche hättest du gerne noch gehabt?
- Wie ist es, wenn man für etwas Wichtiges mehrere unwichtige Wertmarken eingetauscht und nun weniger lebenswerte Dinge für sich behalten hat? Gleicht der Lebenswert dies aus?
- Sollte man aus möglichst vielen Dingen Wert für sein Leben schöpfen oder genügen wenige?

„Jugendliche zweifeln oft an ihrem Können. Für junge Menschen ist die Anerkennung durch Erwachsene genauso wichtig wie die von Gleichaltrigen. Wem Anerkennung fehlt, der sucht sie sich. Nicht selten in riskanten Abenteuern.

Es verlangt nicht viel, sich für das, was der andere kann, zu interessieren, Anerkennung auszusprechen. Und wir verhindern vielleicht den Schritt in eine Sucht".

Aus Plakat: „Weißt du eigentlich, was ich kann …", hg. vom Ministerium für Arbeit Gesundheit und Soziales, NRW.

Was ich alles kann

Material: o. g. Text, für Variante 4 pro Teilnehmer eine Karteikarte
Teilnehmer-Zahl: 5–20
Dauer: je nach Teilnehmer-Zahl 15–45 Min.

Variante 1 für Eltern: Der Text wird zur Einstimmung vorgelesen. Nach kurzer Besinnungspause werden die Eltern aufgefordert, bis zu zehn positive Eigenschaften oder auch Dinge zu notieren, die ihr Kind besonders gut kann. Anschließend gegenseitiges Erzählen in Kleingruppen (zwei bis drei Personen, beide Elternteile sollten nicht zusammen in einer Gruppe sein). Danach Austausch im Plenum:

- Welche Fertigkeiten werden genannt?
- War es leicht oder schwer, zehn Dinge zu finden?
- Wer hat etwas Neues entdeckt?

Variante 2 für Jugendliche: Der Text wird nicht vorgelesen. Jeder notiert auf einem Blatt in Großschrift zehn positive Eigenschaften von sich oder Dinge, die er besonders gut kann. Die Blätter werden dann aufgehängt und von der Gesamtgruppe besichtigt.

Variante 4 („Visitenkarten"): Jeder Teilnehmer schreibt auf eine Karteikarte drei eigene Fähigkeiten oder Eigenschaften, die er besonders gut an sich findet. Anschließend gehen die Teilnehmer im Raum umher und tauschen die Karten untereinander aus. Wenn keiner mehr seine eigene Karte hat, soll jeder versuchen, seine Karte dem Eigentümer zu geben, indem er überlegt, wer sich wohl mit diesen positiven Eigenschaften gekennzeichnet haben könnte. Jeder merkt sich denjenigen, dem man seine richtige Karte gegeben hat (= Mitspieler „A") , und den, von dem man die eigene richtige Karte bekommen hat (= Mitspieler „B"). dann setzen sich alle so im Kreis, dass jeder seinen Mitspieler A links von sich hat, und seinen Mitspieler B rechts von sich. Die Mitspieler wenden sich paarweise zueinander und erzählen sich (pro Teilnehmer max. drei Minuten lang) mehr über die positiven Eigenschaften, die man auf seiner Visitenkarte notiert hat. Nach sechs Minuten wenden sich alle Teilnehmer um und ihrem anderen Partner zu und tauschen sich mit diesem aus.

Auswertungsfragen:

- Konnte man schnell die betreffende Person finden, dem die fremde Visitenkarte gehörte?
- Wurde man selbst oft falsch eingeschätzt? Mit Eigenschaften, die man auch hat oder mit welchen, die man an sich vermisst?
- Wer hat etwas Neues entdeckt?

Man sagt: Man könne den Menschen beim Spiel am besten kennen lernen; seine Leidenschaften zeigten sich da offen und wie in einem Spiegel. So habe ich auch gefunden.

Goethe, in Philipp Christoph Kayser, 15. 3. 1783

Auch starke und in sich gefestigte Personen kommen in Situationen, die ihnen unangenehm sind, wo sie sich wünschen, der Kelch möge an ihnen vorübergehen. Strategien, die das Sich-Drücken um solche Situationen pflegen, nennt man Ausweichverhalten.

Wir alle kennen das aus ganz alltäglichen Situationen: statt den Frühjahrsputz in Angriff zu nehmen, gehen wir erst mal selber zum Friseur. Statt für Prüfungen zu lernen, putzen wir die Fenster oder das Auto. Statt einem klärenden Gespräch mit unserem Partner wird der Fernseher eingeschaltet usw.

Ausweichen kann zum Lebensmuster werden. Manche Menschen bilden eine Krankheit heraus, die sie vor dem Durchstehen von Unangenehmem bewahrt. Andere zeigen suizidales Verhalten. Sucht ist ebenfalls eine Form des Ausweichverhaltens.

Aber wir können auch anders: Bei der Drückerkolonne soll mit viel Fantasie daran gegangen werden, positive Bewältigungsstrategien zu entwickeln.

Drückerkolonne

Material: Schreibzeug, für jeden Teilnehmer 1 Blatt Papier
Teilnehmer-Zahl: bis Klassenstärke
Dauer: 60–90 Min.
Spielregel: Die Mitspieler sitzen im Kreis. Jeder Mitspieler schreibt auf sein Blatt eine Situation, die ihm unangenehm ist, sie durchzustehen, wo er sich lieber darum herum drückt: entweder aufgrund eigener negativer Erfahrungen oder weil man es sich vorstellen kann (z. B. für eine Klassenarbeit zu lernen; schlechte Note den Eltern beizubringen; regelmäßig eine Sportgruppe zu besuchen, auch wenn es mal gerade keinen Spaß macht; Langeweile auszuhalten etc.) Dafür stehen bis zu fünf Minuten Bedenkzeit zur Verfügung.
Dann gibt jeder seinen Zettel drei Mispieler weiter nach links, so dass nun jeder einen neuen Zettel hat mit einer ebenfalls unangenehmen Situation. Nun soll sich jeder überlegen, wie er sich um diese Situation drücken könnte, was er also tun könnte, um diese Situation nicht auskosten zu müssen und schreibt dies darunter. Dafür sind wieder fünf Minuten Bedenkzeit. Die Zettel werden noch zweimal weitergegeben, um neue Umwege zu notieren.
Auswertung: Die Zettel werden ein letztes Mal weitergegeben, so dass nun jeder ein Blatt hat, auf dem kein Satz von ihm stammt. Reihum werden die Situationen und die Umwege vorgelesen. (Eventuell notiert der Spielleiter an Tafel oder Flipchard die wichtigsten Stichpunkte).
Bei jeder Situation wird im Plenum überlegt, wie man die Situationen befriedigend lösen könnte, ohne sich darum zu drücken, sondern dass danach das Unangenehme bewältigt ist. Wer den betreffenden Zettel hat, notiert die Vorschläge zu den Situationen.
Anschließend werden die Blätter an einer Plakatwand aufgehängt, wo sie noch einige Zeit sichtbar bleiben können. Ähnliche Situationen oder Situationen in Zusammenhängen (Schule, Elternhaus, Freundeskreis ...) werden nebeneinander gehängt.
Fragen bei der Auswertung:

- Wem ist eine genannte Situation bekannt?
- Magst du sagen, was du damals getan hast? Was hat es gebracht?
- Wer von den Mitspielern würde sich eine genannte konstruktive Lösung zutrauen?
- Wie lässt sich die Durchführung einer guten Lösung erleichtern? (z. B. den Weg dorthin in Teilschritte zerlegen)

Ist genügend Zeit vorhanden, lassen sich einige Situationen auch in Rollenspiele umwandeln und durchspielen.
Pädagogischer Hinweis: Der Spielleiter muss von der Vertrautheit in der Gruppe darauf schließen, wie tief er bei der Auswertung fragen kann. Niemand sollte sich zu irgendwas gedrängt fühlen.

Jugendhäuser haben häufig einen schlechten Ruf: Hier träfe sich die Szene, hier würde gedealt und hier machten anständige Bürgersleute besser einen großen Bogen herum.
Ist die Existenz eines Jugendhauses schuld daran, dass seine jugendlichen Besucher Drogen nehmen?
In einer größeren Gruppe von Jugendlichen wird es immer einige geben, die mit Drogen experimentieren. Deshalb sind dort, wo Jugendliche sich aufhalten, immer mal auch Drogenkonsumenten mit dabei.
Dass sich diese aber in einem Haus festsetzen und dort immer mehr werden, ist nicht zwangsläufig so.
Woran mag es liegen, dass manche Jugendhäuser zur Kifferhöhle oder zur Alkbude werden und andere nicht?
Das nachstehende Prioritätenspiel, dessen Spielregel schon im ersten Kapitel beschrieben wurde, wurde für Schulungen von haupt- und ehrenamtlichen Mitarbeiter im Jugendhaus entwickelt. Es macht eindrucksvoll deutlich, wo die Verantwortung und damit der Schlüssel zu der Problematik liegt.

Prioritätenspiel zur Suchtvorbeugung im Jugendhaus

Frage: „Welches sind Ihrer Meinung nach die wichtigsten Faktoren im Jugendhaus, die auf ihre Besucher suchtfördernden Einfluss haben können?"

Aufgabe: Bitte bringen Sie die nachfolgend genannten Antwortvorgaben in die für Sie richtige Reihenfolge. Diejenige Ursache, die für Sie persönlich am wichtigsten ist, bewerten Sie dabei mit einer „1", die am zweitwichtigsten mit einer „2" usw. Verwenden Sie jede Zahl nur einmal. Übertragen Sie bitte anschließend Ihre Rangfolge auf den Kontrollabschnitt und trennen Sie diesen ab.

Kontrollabschnitt	Bitte erst diesen Abschnitt ausfüllen!
A ❍	❍ A : Kiffer- oder Alk-Cliquen im Jugendhaus
B ❍	❍ B : Verantwortliche (Leitung/Vorstand/Thekendienst kann sich nicht durchsetzen
C ❍	❍ C : uneingeschränkter Konsum legaler Suchtmittel (Alkohol, Zigaretten)
D ❍	❍ D : schlechtes Vorbild durch ältere Jugendhausbesucher
E ❍	❍ E : Verantwortliche im Jugendhaus (Hauptamtliche/Vorstand/Thekendienst) sind selbst betroffen
F ❍	❍ F : Gleichgültigkeit der Verantwortlichen gegenüber Suchtproblemen
G ❍	❍ G : schlechtes Programm
H ❍	❍ H : Dealer kommen zu Veranstaltungen
I ❍	❍ I : Polizei kontrolliert zu wenig
J ❍	❍ J : schlechte Wohngegend
K ❍	❍ K : ....
L ❍	❍ L : ....
M ❍	❍ M : ....
N ❍	❍ N : ....

Kontrollabschnitt zur Auswertung bitte abtrennen und abgeben.

Nach: Ulrich Baer: „Prioritätenspiel". Remscheider Diskussionsspiele, Robin-Hood-Versand.

Auch die Schule ist ein Ort, an dem sich Jugendliche aufhalten. Ist die Schule deshalb ein suchtgefährdender Ort? Natürlich nicht!

Oder besser gesagt, genauso sehr oder so wenig wie ein Jugendhaus: auch hier kommt es auf die Rahmenbedingungen an, wie Schule organisiert ist. Es ist sehr spannend, das folgende Prioritätenspiel mit Lehrern und mit Eltern zu spielen. Freilich in zunächst getrennten Gruppen, die sich ihre Arbeitsergebnisse danach zugänglich machen: Komischerweise schreibt die Lehrergruppe meist den Eltern den größten Einfluss zu, während sich die Elterngruppe schnell darin einig ist, die Hauptursachen in der Schule zu suchen …

Prioritätenspiel: Suchtvorbeugung an der Schule

Frage: „Welches sind Ihrer Meinung nach die wichtigsten Faktoren an der Schule, die auf die Schülerinnen und Schüler suchtfördernden Einfluss haben?

Aufgabe: Bitte bringen Sie die nachfolgend genannten Antwortvorgaben in die für Sie richtige Reihenfolge. Denjenigen Faktor, der für Sie persönlich am wichtigsten ist, bewerten Sie dabei mit einer „1", die am zweitwichtigsten mit einer „2" usw. Verwenden Sie jede Zahl nur einmal.
Übertragen Sie bitte anschließend Ihre Rangfolge auf den Kontrollabschnitt und trennen Sie diesen ab.

Kontrollabschnitt	**Bitte erst diesen Abschnitt ausfüllen!**
A ❍	❍ A : Kiffer-, Alk- und Raucher-Cliquen unter den Schülern
B ❍	❍ B : Eltern kümmern sich zu wenig um ihre Kinder
C ❍	❍ C : wenig ansprechende Schularchitektur, keine Gestaltungsmöglichkeiten
D ❍	❍ D : schlechtes Vorbild durch Eltern
E ❍	❍ E : abhängige Lehrer im Kollegium
F ❍	❍ F : Gleichgültigkeit der Schulleitung gegenüber Suchtproblemen, Sucht ist Tabu
G ❍	❍ G : zu große Leistungsorientierung
H ❍	❍ H : schlechtes Klima im Kollegium, kein kollegialer Austausch möglich
I ❍	❍ I : Schule liegt in einem „sozialen Brennpunkt"
J ❍	❍ J : Lehrer sind am Thema zu wenig interessiert
K ❍	❍ K : Suchtpräventionslehrer bekommt zu wenig Unterstützung
L ❍	❍ L : ....
M ❍	❍ M : ....
N ❍	❍ N : ....

Kontrollabschnitt zur Auswertung bitte abtrennen und abgeben.

Nach: Ulrich Baer: „Prioritätenspiel". Remscheider Diskussionsspiele, Robin-Hood-Versand.

Wo Jugendliche sich aufhalten, gibt es auch Jugendliche, die Drogen nehmen, wurde gerade gesagt. Es sind nicht nur so genannte randständige Problemjugendliche, die dies tun – aber diese eben auch.
Nach Schätzungen nehmen 60 % aller Jugendlichen in Heimen der stationären Jugendhilfe illegale Drogen. Für sie selbst ist das zunächst gar kein Problem, wohl aber für ihre Erzieher.
Denn diese stecken plötzlich in einer fatalen Zwickmühle:
Gemäß ihrem Auftrag sollen sie die ihnen anvertrauten Jugendlichen zu lebenstüchtigen jungen Menschen erziehen, wozu der Drogenmissbrauch nicht gerade beiträgt. Andererseits brauchen sie, um diesen Auftrag erfüllen zu können, eine gewisse Vertrauensbasis zu den Jugendlichen.
Sie wissen, dass das Kiffen häufig nur eine vorübergehende Phase ist, die nicht unnötig aufgebauscht werden sollte. Andererseits können sie sich unter Umständen selbst strafbar machen, wenn sie bei Verdachtsmomenten beide Augen zudrücken und dem Drogenkonsum damit Vorschub leisten. Auch können sie sich nie sicher sein, dass die Phase des Drogenkonsums in absehbarer Zeit tatsächlich vorüber geht.
Das folgende ABC-Rollenspiel (die Spielanleitung finden Sie in Kapitel 3) nimmt einen solchen Fall zum Thema.

ABC – Rollenspiel: „Hasch im Heim"

Ein Szenario für Einrichtungen der stationären Jugendhilfe

Vorgeschichte: Paul ist zusammen mit Tom und Gruppenleiterin Elisabeth Erzieher in der Gruppe „Seestern" mit zehn Jugendlichen im Alter zwischen 14 und 18 Jahren.
Dazu gehört auch Alex, 15 Jahre. Alex raucht, seit er 12 ist, regelmäßig Zigaretten.
Seit einem halben Jahr ist bei Alex ein ziemlicher Leistungsabfall in der Schule zu bemerken. In letzter Zeit wirkt er auf Paul auch verschlossener als sonst, Alex ist kaum noch in der Gruppe und schweigt sich auch beharrlich darüber aus, wo und mit wem er zusammen ist.

Fragen zur Auswertung nach den drei Spielrunden:
- Ziehen die Erzieher eine Gefährdung der anderen Gruppenjugendlichen in Betracht?
- Spielt etwas wie eine „Hausordnung" oder vereinbarte Gruppenregeln bei ihren Entscheidungen eine Rolle?
- Inwieweit überlagert möglicherweise die persönliche Einstellung der Erzieher zu Haschisch deren pädagogisches Handeln?

Spielrunde 1:

Gestern hat Paul, als er zufällig in Alex' Zimmer war, unzweifelhaft Haschischduft in die Nase bekommen. Bei der Dienstübergabe erzählt er Tom davon, der bislang noch den besten Draht zu Alex hatte.

	A	B	C
Spielrunde 1:	Paul	Tom	Beobachter

Als Teilnehmer-Unterlage hier abtrennen

Spielrunde 2:

Tom trifft Alex erst abends in der Gruppe in einem Moment an, wo sie beide ungestört sind. Er spricht ihn darauf an, was Paul ihm erzählt hat.

	A	B	C
Spielrunde 2:	Tom	Beobachterin	Alex

Als Teilnehmer-Unterlage hier abtrennen

Spielrunde 3:

Am nächsten Morgen ist Teamsitzung, Paul ist wegen Krankheit leider nicht dabei. Tom erzählt Elisabeth von den Gesprächen mit Paul und Alex. Beide überlegen, was weiter zu tun ist.

	A	B	C
Spielrunde 3:	Beobachter	Elisabeth	Tom

Lehrerinnen und Lehrer erfahren häufig nicht durch eigenes Erleben von dem Suchtmittelmissbrauch ihrer Schüler, sondern mittelbar: durch Verhaltensänderungen einzelner, für die Missbrauch eine Erklärung sein könnte, oder durch Gerüchte und – meist vertrauliche – Mitteilungen von Schülerseite her.

Das folgende ABC-Rollenspiel schildert einen solchen Fall.

ABC – Rollenspiel: „Der Klassenkiffer"

Ein Szenario für die Schule

Vorgeschichte:
Albert Weirich ist Klassenlehrer der 9a an der Hartmut-von-Hentig-Schule. Sein Verhältnis zu seinen Schülerinnen und Schülern war bislang sehr vertrauensvoll, er kommt eigentlich mit allen recht gut aus.
In letzter Zeit jedoch hat Herr Weirich bei mehreren seiner Schüler, die in ihren Leistungen plötzlich nachlassen, ein ungutes Gefühl. Aus Wortfetzen und Anspielungen erfährt er von Wochenendfeten, bei denen wohl nicht alles ganz koscher ist; Genaueres erfährt er aber auch auf behutsames Nachfragen nicht.
Ein besonderes Sorgenkind ist Sven Siller, bisher eigentlich ein recht guter Schüler. Er wirkt seit einigen Wochen zunehmend unaufmerksam, manchmal geradezu abwesend, seine Leistungen fallen immer mehr ab. Auch kommt er zum Unterrichtsbeginn am Morgen und nach den Pausen häufig zu spät und „vergisst" seine Hausaufgaben; auf Nachfragen und Ermahnungen reagiert er gleichgültig oder unwirsch.
Herr Weirich glaubt bei Sven zunächst an pubertäre Entwicklungsstörungen in Verbindung mit Schwierigkeiten im Elternhaus: die Eltern – so hat er von einer Kollegin gehört – hätten sich gerade getrennt. Daher hat er noch keine Sanktionen ausgesprochen oder sonstige Schritte unternommen, sondern hofft auf Besserung des Verhaltens von Sven, welche er mit Offenheit und Ermunterung unterstützen und fördern will.
Eines Tages bittet Claudia Hänel, eine Schülerin aus der 9a, Herrn Weirich am Ende des Unterrichts um ein vertrauliches Gespräch.
Ein Beispiel für einen solchen Dialog finden Sie ab Seite 113.

Spielrunde 1:

Claudia erzählt Herrn Weirich, sie habe gesehen, dass Sven auf einer Party gekifft habe. Sie sei mit ihm befreundet gewesen, aber jetzt nicht mehr, weil Sven „mit einer anderen Kifferin gehen" würde. Sie hinge aber immer noch an ihm und wolle ihm helfen, dass er nicht weiter „solche Drogen" nähme, wüsste aber nicht wie. Darum käme sie nun zu Herrn Weirich, damit er „irgendwas macht". Sie möchte aber auf keinen Fall, dass Herr Weirich zu Sven sagt, er habe die Information von Claudia.

	A	B	C
Spielrunde 1:	Herr Weirich	Claudia	Beobachter

Als Teilnehmer-Unterlage hier abtrennen

Spielrunde 2:

Bevor Herr Weirich etwas unternimmt, wendet er sich mit der Bitte um fachlichen Rat an seine Kollegin Ruth Graf, Lehrerin für Suchtprävention an der H.-v.-H.-Schule.

	A	B	C
Spielrunde 2:	Beobachterin	Herr Weirich	Frau Graf

Als Teilnehmer-Unterlage hier abtrennen

Spielrunde 3:

Herr Weirich will nun mit Sven ein Zweiergespräch führen. Nachdem Sven wieder einmal im Unterricht einen lediglich körperlichen Eindruck der Anwesenheit machte, bittet Herr Weirich ihn, nach der letzten Stunde noch dazubleiben, was Sven auch tut.

	A	B	C
Spielrunde 3:	Sven	Beobachter	Herr Weirich

Die Kopiervorlage für den folgenden Dialog finden Sie auf S. 117.

1. Runde (Claudia – Herr Weirich)

Claudia: Guten Tag! Kann ich Sie mal kurz sprechen?

Herr Weirich: Gern! Setz dich doch bitte!

Claudia: Ja, also, ich komme wegen Sven. Ich war da neulich auf einer Party, bei der Sven auch war, und da wurde Hasch geraucht. Und jetzt mache ich mir Sorgen um Sven.

Herr Weirich: Ja, hast du denn mit Sven darüber gesprochen? Wenn ich das richtig beobachtet habe, seid ihr doch befreundet?

Claudia: Nee, nicht mehr, wenn der so was macht, dann will ich damit nichts zu tun haben. Der hat jetzt auch ne neue Freundin, die da in der Clique drin ist.

Herr Weirich: Das ist aber schade! Und was schlägst du jetzt vor, was wir für den Sven tun können?

Claudia: Ja, das weiß ich ja eben auch nicht. Deshalb komme ich ja zu Ihnen. Ich dachte, Sie könnten mal mit Sven sprechen.

Herr Weirich: Darf ich Sven denn sagen, dass du ihn gesehen hast und dir jetzt Sorgen machst?

Claudia: Nein, nein, auf keinen Fall. Ich will nicht, dass er mich für eine blöde Petze hält.

Herr Weirich: Das wird dann aber schwierig. Er könnte mir ja einfach sagen, dass an dem Gerücht gar nichts dran ist. Naja, hast du denn eine Ahnung, warum Sven Hasch raucht?

Claudia: Weiß nicht so genau, vielleicht hat er Stress wegen seiner Eltern – sind gerade geschieden.

Herr Weirich: Und bei wem wohnt Sven jetzt?

Claudia: Bei seiner Mutter, aber die ist fast nie da – muss jetzt wieder arbeiten.

Herr Weirich: Aha. Sag mal, du bist ganz sicher, dass das Hasch war, was bei dieser Party geraucht wurde.

Claudia: Ich glaub schon!

Herr Weirich: Und woran hast du das erkannt?

Claudia: Die haben so 'ne Tüte gedreht, und das roch auch so komisch.

Herr Weirich: Ja, und wer war da noch so dabei, ist da noch wer aus der Klasse dabei?

Claudia: Och, naja, schon! Mir geht es aber nur um Sven.

Herr Weirich: Hm, was hältst du denn davon, wenn wir das Thema Drogen dann mal alle zusammen im Unterricht thematisieren?

Claudia: Doch, find ich gut, aber nicht sagen, dass das von mir kommt!

Herr Weirich: Nein, nein. Gut dann verbleiben wir so, dass ich einmal versuche, mit Sven zu reden und dass wir das Thema auch mal im Unterricht besprechen.

Claudia: Okay, danke. Auf Wiedersehen.

2. Runde (Herr Weirich – Frau Graf)

Herr Weirich: Frau Kollegin, könnte ich Sie eben mal sprechen.

Frau Graf: Wenn's knapp geht. Ich bin nicht ganz frei.

Herr Weirich: Also ich hab' da einen Schüler, den Sven, der soll Hasch rauchen. Seine Klassenkameradin und Ex-Freundin war bei mir und hat mir da-

von berichtet. Und ich vermute, dass noch mehr Schüler aus der Klasse daran beteiligt sind.
Frau Graf: Um welche Klasse handelt es sich denn?
Herr Weirich: 11 b. Und ich habe mir jetzt vorgestellt, dass wir das Thema Drogen im Unterricht gemeinsam behandeln. Ich will noch nicht sofort mit Sven reden, weil ich den Verdacht habe, dass Claudia ihn vielleicht aus Eifersucht anschwärzt.
Frau Graf: Hm, glaubt denn das Mädchen, dass das Hasch das Problem in der Beziehung war?
Herr Weirich: Ja.
Frau Graf: Hat das Mädchen den Freund direkt angesprochen?
Herr Weirich: Nein, dazu hatte sie nicht den Mut. Daher dachte ich mir, dass eine Unterrichtseinheit zu dem Thema zunächst einmal der beste Weg wäre. Halten Sie das in einer 11. Klasse noch für sinnvoll?
Frau Graf: Wie ist denn die Klasse bei anderen Themen? Glauben Sie, da herrscht eine gewisse Offenheit, auch Persönliches zu thematisieren?
Herr Weirich: Ja, ich denke schon. Und wenn sich herausstellt, dass an dem Gerücht etwas dran ist, kann ich immer noch mit Sven persönlich reden.
Frau Graf: Gut. Dabei sollten sie unbedingt auch ein Elterngespräch in Erwägung ziehen, soweit Sven noch nicht volljährig ist. Und ich empfehle Ihnen, einmal darauf zu achten, ob Svens schulischen Leistungen sich verschlechtern, ob er häufig krank ist oder zu spät kommt, ob er sich äußerlich gehen lässt und ähnliches. Ich bringe Ihnen morgen einmal einen Katalog mit, auf dem Merkmale von Suchtgefährdeten zusammengestellt sind.
Herr Weirich: Das wäre nett. Und ich gehe dann nach den Herbstferien – in dieser letzten Woche vor den Ferien lohnt es ja nicht mehr – mal das Thema Drogen im Unterricht an.
Frau Graf: Auch da kann ich Ihnen gerne Material zur Verfügung stellen. Ich habe da verschiedene Filme und Lektüren.
Herr Weirich: Herzlichen Dank, dann verbleiben wir erst mal so! Ich komme dann noch einmal auf Sie zu wegen der Materialien.

3. Runde (Herr Weirich – Sven)
Herr Weirich: Guten Tag, Sven, setz dich doch.
Sven: Wenn's sein muss. Was gibt's?
Herr Weirich: Ich habe bemerkt, dass du in letzter Zeit häufig verspätet zum Unterricht gekommen bist, und du wirkst auch reichlich lustlos. Auch deine Leistungen haben sich doch erheblich verschlechtert. Kannst du mir sagen, welche Ursachen das haben könnte?
Sven: Nö.
Herr Weirich: Deine Freundin Claudia war bei mir, weil sie sich Sorgen macht.
Sven: Blöde Kuh, is' auch nicht mehr meine Freundin.
Herr Weirich: Es geht mich ja nichts an, aber warum seid ihr denn nicht mehr zusammen?
Sven: Hab' mich von der blöden Kuh getrennt. Die is' langweilig.
Herr Weirich: Kommen wir doch auf deine schulischen Leistungen zurück. Hast du eine Erklärung dafür, dass deine Leistungen immer schlechter werden?

Sven: Hab keinen Bock mehr auf Schule.
Herr Weirich: Aber wie stellst du dir denn dann deine Zukunft vor?
Sven: Is' mir doch egal.
Herr Weirich: Wie stellst du dir denn konkret vor, wie das jetzt weitergeht mit dir in den nächsten Jahren? Willst du kein Abitur machen?
Sven: Was weiß ich, was in den nächsten Jahren is'. Mir auch egal!
Herr Weirich: Ich glaube, unter diesen Umständen muss ich doch mal mit deiner Mutter reden.
Sven: Ach die, die interessiert sich sowieso nicht.
Herr Weirich: Wie kommst du denn darauf?
Sven: Hat eh keine Zeit! Arbeitet den ganzen Tag oder heult rum.
Herr Weirich: Hast du denn dann überhaupt jemanden, bei dem du dich aufgehoben fühlst?
Sven: Schon. Die Eva und die Clique. Da is' es immer schön.
Herr Weirich: Sag mal, kann das sein, dass in dieser Clique auch Drogen genommen werden?
Sven: Quatsch!
Herr Weirich: Wirklich nicht?
Sven: Quatsch, doch keine Drogen. Wir kiffen vielleicht so'n bisschen. Da is doch nix bei. (Schweigen)

Sven: Kann ich jetzt gehen? (geht)

Meist enden die Gespräche ähnlich und fast alle, die in der letzten Runde den Lehrer spielen durften, sind am Ende ziemlich frustriert über ihren scheinbaren Misserfolg. Allerdings berichten diejenigen, die die Schüler gespielt haben, dass sie in den Gesprächen durchaus nachdenklich gemacht wurden, obwohl sie nach außen hin alles abgeblockt haben. Dies gilt dann, wenn man das Spiel mit Lehrern spielt. Anders ist es, wenn man es mit Schülern spielt, die dann sowohl sich selbst spielen, als auch einmal in die Lehrerrolle schlüpfen. Hier kann man auf einmal viel Verständnis für die Lehrerseite erreichen, insbesondere wenn man mit den Schülern zusammen die Beweggründe eines Lehrers für ein Gespräch erarbeitet. Von Schülern gespielte Schüler sind übrigens lang nicht so verstockt, wie Lehrer ihnen das zutrauen …

Im „Ernstfall" sollte versucht werden, den Schüler und seine Leistungen ein, zwei Wochen lang zu beobachten und dann wieder ein Gespräch zu vereinbaren (vgl.: F. Mack, R. Schneider, H. Wäschle: „Sucht im Schulalltag"). Oft sind Schüler doch berührt von den Sorgen des Lehrers und brauchen vielleicht nur etwas Zeit zum Nachdenken.

Je nach Gesprächsausgang, Lust der Teilnehmer und vorhandener Zeit, kann man das vorige Szenario noch um drei Szenen erweitern:

Fragen zur Auswertung:

- Worin wird die Gefährdung von Sven genau gesehen? Sind es konkrete belegbare Punkte oder bloße Vermutungen und Spekulationen?
- Inwieweit gelingt es den Beteiligten, Sven die Konsequenzen seines Verhaltens vor Augen zu führen und sie auch glaubhaft zu vertreten?
- Ziehen Herr Weirich, der Schulleiter und Frau Siller an einem Strang oder haben sie gegenläufige Interessen?
- Welche Perspektive geben die Mitspieler Sven?

Spielrunde 4:

Das Gespräch mit Sven hatte für Herrn Weirich kein befriedigendes Ergebnis. Er beschließt, den Fall mit seinem Schulleiter zu besprechen, um diesen bei dem weiteren Vorgehen hinter sich zu haben.

	A	B	C
Spielrunde 4:	Herr Weirich	Schulleiter	Beobachter

Als Teilnehmer-Unterlage hier abtrennen

Spielrunde 5:

Mit seinem Rektor im Rücken vereinbart Herr Weirich einen Gesprächstermin mit Svens Mutter, Frau Siller. Diese erscheint auch pünktlich …

	A	B	C
Spielrunde 5:	Beobachter	Svens Mutter	Herr Weirich

Als Teilnehmer-Unterlage hier abtrennen

Spielrunde 6:

Nach dem Gespräch mit dem Lehrer will Frau Siller sobald wie möglich mit ihrem Sohn sprechen. Die Gelegenheit ergibt sich beim Abendessen:

	A	B	C
Spielrunde 6:	Sven	Beobachter	Svens Mutter

In einem wie gerade beschriebenen Rollenspiel lässt sich gut die eigene Einstellung zu Suchtfällen in der Klasse herausfinden. Doch wie sieht die Rechtslage tatsächlich aus? Wo reicht es aus, mich als Lehrer gesprächsbereit zu halten, wo muss ich dagegen die Schulleitung oder gar die Polizei informieren?

Die meisten Kultusministerien der Bundesländer haben jeweils eigene Vorschriften erlassen, wie mit „Suchtfällen" – damit sind in der Regel Konsumenten illegaler Drogen gemeint – an Schulen umzugehen ist. In Baden-Württemberg z. B. ist es die „Verwaltungsvorschrift des Ministeriums für Kultus und Sport Baden-Württemberg vom 4. 12. 1993: § III: Verhalten bei Drogenfällen" in: „Kultus und Unterricht 1/94 v. 5. Jan. 1994".

Diese Vorschrift gibt eine relativ klare Vorgehensweise an, wie im Ernstfall bei bereits konsumierenden Schülerinnen und Schülern zu verfahren ist.

Die nachstehende Übung, die auf der Baden-Württemberger Formulierung fußt, entstand für die Durchführung pädagogischer Tage an Schulen, um ein Lehrerkollegium in die Problematik und die Rechtslage einzuführen.

Darauf sind die folgenden Fallbeispiele aufgebaut, die von den Workshopteilnehmern in Dreiergruppen mit dem Erlass an der Hand zu klären sind.

Nehmen Sie in anderen Bundesländern bitte Ihre zutreffenden Vorschriften zu Hilfe!

Sucht an der Schule: Die Falldiskussion

Material: der jeweils gültige Erlass, je Teilnehmer eine Kopie der unten angegebenen Fallbeispiele, zur Auswertung die Checkliste (s. Seite 120). Es ist in der Praxis für die Teilnehmer hilfreich, nach Durchführung der Übung eine Adressenliste der Suchtberatungsstellen und sonstigen regionalen Beratungs- und Hilfeangeboten zu erhalten.
Teilnehmer-Zahl: bis 25
Dauer: 45–60 Min.
Spielregel: Die Teilnehmer teilen sich in vier Kleingruppen auf. Jede Gruppe erhält einen der vier Fälle zusammen mit der betreffenden Verwaltungsvorschrift. Sie hat nun zehn Minuten Zeit, den Fall zu lösen. Anschließend werden sie gemeinsam im Plenum ausgewertet.
Pädagogischer Hinweis: Es empfiehlt sich, in der Auswertung zunächst den Fall 4 als den komplexesten zu behandeln, von dessen Klärung sich dann auch die ersten drei Fälle gut ableiten lassen.

Sucht an der Schule

Kopiervorlage

Fall 1:

Ein Schüler berichtet Ihnen in einem von ihm als vertraulich bezeichneten Gespräch, er habe schon mehrfach Haschisch probiert.

- Welche Fragen sollten Sie mit dem Schüler abklären?
- Was tun Sie?

Als Teilnehmer-Unterlage hier abtrennen

Fall 2:

Sie erfahren von einer Schülerin in einem von ihr als vertraulich bezeichneten Gespräch, dass sie zusammen mit drei weiteren Schülerinnen auf einer Party einen Joint geraucht hätte.

- Was tun Sie?

Als Teilnehmer-Unterlage hier abtrennen

Fall 3:

Sie erfahren von einem Schüler in einem von ihm als vertraulich bezeichneten Gespräch, ein Schüler einer anderen Klasse habe auf einer Party einen Joint herumgehen lassen.

- Was tun Sie?

Als Teilnehmer-Unterlage hier abtrennen

Fall 4:

Sie erfahren, dass ein Schüler Ihrer Schüler Ihrer Schule offenbar mit Drogen handelt.

- Was tun Sie?

Kennen Sie diese Pflanzenbestimmungsführer, in denen man aufgrund der Feststellung äußerer Merkmale einer Pflanze und die Lektüre vieler nummerierter Unterabschnitte wie der folgenden

- *Hat die Pflanze Nadeln? Weiter bei Abschnitt 25!*
- *Hat die Pflanze Blätter? Weiter bei Abschnitt 57!*

nach und nach erfährt, welche Pflanze man da gefunden hat?

Auch die Lesespiele, welche in der Fantasyliteratur beliebt sind, funktionieren nach diesem Entscheidungsprinzip.

Die nachfolgende „Checkliste" gliedert die Aussagen des Baden-Württemberger Erlasses ebenfalls in Form eines Lesespiels.

Sucht an der Schule: Die Checkliste

„Vorgehen bei Rauschmittelmissbrauch nach der Verwaltungsvorschrift des Ministeriums für Kultus und Sport Baden-Württemberg vom 4. 12. 1993 (in: Kultus und Unterricht 1/94 v. 5. Jan. 1994): § III. Verhalten bei Drogenfällen

Allgemeines:
Es ist abzuwägen zwischen den Rechten des Einzelnen und aller Schülerinnen und Schüler.
Grundsatz: Bei allen Maßnahmen soll die Intimsphäre der Person gewahrt bleiben.
Enge und vertrauensvolle Zusammenarbeit zwischen Schule und Eltern ist erforderlich. Die Schule informiert die Eltern, wenn bekannt wird, dass Schüler durch Rauschmittel gefährdet sind.
Die Schule hat nicht die Aufgabe von Gerichten und Polizei.

Vorgehen im Einzelfall:

1. Ein Schüler gibt gegenüber seinem Lehrer seines Vertrauens Rauschmittelkonsum zu (weitere Schüler sind nicht gefährdet):
   ⇒ Lehrer soll Schüler darin unterstützen, sich von der Abhängigkeit zu befreien und einer Strafbarkeit entgegenwirken. Möglichkeit: Stufenweises Vorgehen (vgl. F. Mack, R. Schneider, H. Wäschle: „Sucht im Schulalltag". Verlag Neuland, 1996).

⇒ Keine Meldepflicht gegenüber Schulleitung oder anderen, Vertrauensschutz bleibt gewahrt.
- Sind weitere Schüler gefährdet: s. 2

2. Es sind weitere Schülerinnen und Schüler gefährdet. (Anzunehmen, wenn der betroffene Schüler diese ebenfalls zu Rauschmittelkonsum zu verleiten droht oder bereits mehrfach verleitet hat.):
   ⇒ Die Schulleitung verständigen. Die Schulleitung verständigt die Eltern, falls noch nicht geschehen.
   ⇒ Die Schulleitung berät mit dem Vertrauenslehrer, dem Klassenlehrer und dem Suchtpräventionslehrer, welche Maßnahmen erforderlich sind.
   - Mögliche schulinterne Maßnahmen: s. 3.
   - Bei Unsicherheit: s. 6.
   - Bei Angst vor disziplinarrechtlichen Folgen: s. 7.
3. Beratung und Entscheidung durch die Klassenkonferenz möglich.
   ⇒ Das Bemühen soll in erster Linie dem gefährdeten Schüler gelten (s. 1.), soweit dies gegenüber den anderen Schülerinnen und Schülern verantwortbar ist.
   - Erziehungs- und Ordnungsmaßnahmen als eine Möglichkeit. Letztes Mittel: Schulausschluss bei Gefahr für andere Mitschüler.
   - Wenn der Schüler bereits rauschmittelabhängig ist, oder die Schule ihm aus anderen Gründen nicht weiterhelfen kann: s. 4.
   - Der Schüler dealt: s. 5.
4. Kontaktaufnahme mit einer „Psychosozialen Beratungs- und ambulanten Behandlungsstelle“. Ziel: Abklärung des weiteren Hilfebedarfs. Weiter bei 7.
5. Verständigung der Kriminalpolizei nur bei schweren und mehrfachen Verstößen zum Schutze anderer Schülerinnen und Schüler. Dies ist immer gegeben, wenn Schüler sich offenbar als Rauschmittelhändler betätigt. Weiter bei 7.
6. Fachliche und rechtliche Beratung durch die Schulaufsichtsbehörden (Staatl. Schulamt/Oberschulamt) bei Unsicherheit z. B. in schulrechtlichen, disziplinarrechtlichen oder strafrechtlichen Fragen möglichst schon frühzeitig hinzuziehen.
7. Keine Angst vor Entscheidungen, die verantwortungsbewusst getroffen wurden, aber sich nachträglich als objektiv falsch herausstellen: Es sind keine Disziplinarmaßnahmen zu befürchten.

Warnhinweis: Diese Checkliste richtet sich nach der o. g. Verwaltungsvorschrift. Ihre sture Anwendung läuft den Hinweisen in § III 2.4 zuwider!

Beim Auftreten von problematischem Schülerverhalten arbeiten Eltern und Lehrer im Idealfall zusammen, um dem betroffenen Schüler zu helfen, die Schullaufbahn zu einem guten Abschluss zu bringen. Notwendig sind dazu Offenheit und die Freiheit von Vorurteilen auf beiden Seiten. Doch – wie gesagt – dies ist der Idealfall.

Parteiliches Rollenspiel: „Das kaputte Elternhaus." Ein Szenario für die Schule

Vorgeschichte:
Gruppe A ist die Partei der Lehrerin Gisela Richter (a). Diese wird gleich mit Frau Siegmann (b) aus Gruppe 3 konfrontiert, der Mutter von Patricia Siegmann, 16 Jahre, Schülerin in der Klasse von Frau Richter.
Patricia ist in den letzten Wochen mehrmals wegen Fehlens und nicht gemachter Hausaufgaben aufgefallen. Ihre Schulleistungen sind rückläufig, sie erscheint häufig müde und abwesend. Aufgrund von Aussagen von Mitschülerinnen hat Frau Richter erfahren, dass Patricia kaum Freizeitkontakte zu ihren Klassenkameraden unterhält, sondern Mitglied einer Techno-Clique ist, die ihre Wochenenden auf Raves in ganz Deutschland verbringt.
Patricias Eltern waren bislang noch nie auf einem Elternabend oder anderen schulischen Veranstaltungen, Frau Richter kennt sie also bislang nicht. Aus Andeutungen Patricias und aus Bemerkungen ihrer Schüler zieht Frau Richter jedoch den Schluss, dass sich die Eltern nicht viel Zeit für ihre Tochter nehmen. Durch das Verhalten Patricias ist Frau Richter der Verdacht gekommen, diese könnte Drogen nehmen, möglicherweise Ecstasy. Sie hat sich daher entschlossen, die Eltern an ihrem Sprechtag schriftlich zum Gespräch einzuladen. Als Grund hat sie angegeben: „... da die Leistungen Ihrer Tochter zunehmend Grund zur Sorge bereiten."
Am betreffenden Termin ist Frau Siegmann in die Schule gekommen und wartet im Flur darauf, hereingerufen zu werden.

Durchführungshinweise für Gruppe A, die Gruppe der Lehrerin Gisela Richter (a):

Gruppe A soll sich alles überlegen, damit Frau Richter mit Patricias Mutter ein „vernünftiges Gespräch“ führen kann.
Überlegen Sie dabei die Ziele, die Frau Richter bei diesem Gespräch hat.

Als Teilnehmer-Unterlage hier abtrennen

Durchführungshinweise für Gruppe B, die Gruppe von Frau Siegmann (b):

Bitte spielen Sie zwei mögliche Handlungsweisen von Frau Siegmann durch:

1. Eine selbstsichere Frau, die den schönen Schein eines intakten und wohlhabenden Elternhauses wahren möchte.
2. Eine verzweifelte Mutter, die den Draht zu ihrer Tochter verloren hat und von ihrem Mann kaum Unterstützung erfährt.

Achten Sie bei der Darstellung besonders auf eine zu der Rolle passenden Körpersprache, ohne diese ins komödiantenhafte zu überzeichnen.

Als Teilnehmer-Unterlage hier abtrennen

Durchführungshinweise für Gruppe C, die Kontrollgruppe

Sie beobachtet Lehrerin und Mutter, analysiert und bewertet die jeweiligen Strategien:

- Wer führt das Gespräch?
- Wird geradeheraus argumentiert oder mit Schlichen und Winkelzügen versucht, das jeweilige Ziel zu erreichen?
- Wer ist die überlegene Gesprächspartnerin? Warum? Ist dies von Anfang an so?

Das Spannungsfeld zwischen Ausgrenzung und Integration auffälliger und problematischer Jugendlicher ist ein Dauerthema in der offenen Jugendarbeit, und dies nicht nur in Bezug auf Drogen. Patentrezepte gibt es keine.

Die Politik, die ein Jugendhaus hier fährt, hängt stark von den Mitarbeiterinnen und Mitarbeitern ab, die diese Politik gegenüber den Besuchern des Jugendhauses vertreten oder mit ihnen aushandeln müssen. Dass es hier unterschiedliche Meinungen zwischen Pädagogen und Besuchern gibt, ist nicht überraschend. Ein Dissens darüber im Team kann die pädagogische Arbeit jedoch sehr beeinträchtigen.

Das folgende Szenario ist auf so einer Konstellation aufgebaut und gibt während und nach dem Spiel Gelegenheit, eigene Argumente und Haltungen zu überprüfen.

Zum Weiterlesen: Lutz Krätzschmar & Günter Krauss (Hg.): „Schaden verhüten, Perspektiven eröffnen. Prävention mit Jugendlichen und jugendlichen Drogenkonsument/innen." ISKA

Parteiliches Rollenspiel: „Die neue Clique". Ein Szenario im Jugendhaus

Vorgeschichte:
Manfred Geiger, 34 J., ist Leiter des Jugendhauses „Club 76". Zusammen mit seiner Praktikantin Antje Bergmann, 22 J., und einigen Stammbesuchern hat er in den letzten beiden Monaten das Haus umgestaltet und teilweise renoviert, um durch ein neues Outfit des Hauses neue und jüngere Besuchergruppen anzuziehen.
Mit dem Ergebnis ist Manfred jedoch nicht so recht zufrieden. Zwar hat sich eine Clique 15–17-jähriger das Haus als Treffpunkt ausgesucht, deren Mitglieder hier bislang noch nicht aufgetaucht waren. Allerdings sind dem Sozialpädagogen die Cliquenmitglieder ziemlich suspekt. Ihre Mehrzahl kifft mehr oder weniger unverhohlen in der Umgebung des Hauses, im Haus selbst bislang noch nicht. Bei Partys und Discos wechseln aber auch schon mal irgendwelche Tabletten den Besitzer. An den pädagogischen Angeboten – Manfred würde gerne wieder das komplett eingerichtete Fotolabor oder die Holz- und Metallwerkstatt im Keller nutzen – beteiligt sich die Clique nicht, und er bekommt auch sonst keinen rechten Draht zu irgendeinem ihrer Mitglieder.
Manfred fühlt sich hier fachlich herausgefordert, befürchtet auch, dass andere – besonders jüngere – Besucher in diese Clique hineingezogen werden, weiß jedoch nicht recht, wie er reagieren soll.
In Antje hat er da keine Verbündete. Sie findet das Verhalten der Clique nicht besonders problematisch und sieht in dem „Probier- und Experimentierkonsum" lediglich ein normales „jugendtypisches Verhaltensmuster".
Morgen, Freitagabend, ist wieder die monatliche Jugendhausparty angesagt, die wie immer von der Discogruppe gemanagt wird. Diesmal ist aber – anders als sonst – Techno angesagt. Manfred fürchtet, dass Leute mit Ecstasypillen ins Haus kommen; er will beim geringsten Verdacht hart durchgreifen und notfalls auch Hausverbote aussprechen.
Beim Teamkaffee am Donnerstagvormittag will Manfred mit Antje eine gemeinsame Vorgehensweise besprechen.

Durchführungshinweise für Gruppe A, die Gruppe des Jugendhausleiters Manfred (a):

Gruppe A soll sich alles überlegen, damit Manfred die Praktikantin Antje auf seine Linie bekommt.

Als Teilnehmer-Unterlage hier abtrennen

Durchführungshinweise für Gruppe B, die Gruppe der Praktikantin Antje (b):

Antje hat sich während ihres bisherigen Studiums intensiv mit Literatur über den so genannten „akzeptierenden Ansatz" in der Präventions- und Suchtarbeit beschäftigt. Sie würde gern ihr Praktikum dazu nutzen, in diesem Arbeitsansatz praktische Erfahrungen zu sammeln. Von Ausgrenzungen problematischer Jugendlicher hält sie nichts.

Als Teilnehmer-Unterlage hier abtrennen

Durchführungshinweise für Gruppe C, die Kontrollgruppe.

Sie beobachtet Manfred und Antje, analysiert und bewertet die jeweiligen Strategien:

- Wer führt das Gespräch?
- Wird fachlich oder mit Autorität argumentiert? Werden „Nebenkriegsschauplätze" eröffnet?
- Wer ist der überlegene Gesprächspartner? Warum? Ist dies von Anfang an so?

Suchtvorbeugung im Betrieb

„Alkoholprobleme bei uns im Betrieb? Das ist bei uns kein Thema!" Auch wenn vom Sprecher anders gemeint, so trifft dieser Satz leider nur zu häufig ins Schwarze! Viele Betriebe und Verwaltungen scheuen sich, das Thema anzunehmen und in ihre Firmenpolitik einfließen zu lassen.
Das ist sehr bedauerlich, denn so gut wie in jedem mittleren und größeren Betrieb gibt es Mitarbeiter mit Alkoholproblemen, nach Schätzungen sind es – branchenunabhängig – sieben Prozent aller Arbeitnehmer. Nun ist es ja nicht so, dass dies lauter bereits chronisch abhängige, therapieresistente (welch ein Wort!) Mitarbeiter wären, bei denen nichts mehr zu machen ist. Im Gegenteil, gerade durch die Möglichkeiten, die die Arbeitsumgebung bietet, ergeben sich viele Chancen, Suchtkarrieren abzubrechen.
Allerdings braucht es dazu konsequentes und schlüssiges Handeln der Umgebung des Betroffenen mit dem Ziel, dass dieser Hilfe von außen annimmt, sei es Beratung, Therapie oder der regelmäßige Besuch einer Selbsthilfegruppe.
Die gerade genannte „Umgebung" besteht am Arbeitsplatz aus Kollegen, Vorgesetzten oder Mitarbeitern. Schlüssiges Handeln dieser Personen würde bedeuten, dass Alkoholprobleme angesprochen und nicht vertuscht werden, dass der betroffene Mitarbeiter nicht alkoholisiert arbeiten darf, dass ihm bei fortgesetztem Alkoholkonsum Konsequenzen drohen und auch eingehalten werden, dass ihm aber auch jederzeit Hilfe angeboten wird.

Es würde im Rahmen dieses Buches zu weit führen, diesen komplexen Sachverhalt ausführlich zu beschreiben, zumal es dazu genügend Literatur (s. u.) gibt. Im Folgenden finden Sie zwei Rollenspiele und noch eine spezielle Betriebsversion des Prioritätenspiels, die die Alkoholproblematik am Arbeitsplatz aufgreifen und bei Schulungen und Seminaren zu diesem Thema eingesetzt werden können.

Beide Rollenspiele haben die Polizei als betriebliches Umfeld. Tatsächlich habe ich sie ursprünglich für Schulungen polizeilicher Führungskräfte entwickelt. Sie lassen sich jedoch problemlos auch mit Mitarbeitern anderer Branchen durchführen, erleichtern womöglich durch die vordergründig nicht vorhandene Betroffenheit das Mitspielen. Dennoch gelingt es ohne Verluste, die beim Polizei-Spielen gewonnenen Erkenntnisse auf den eigenen Betrieb zu übertragen.

Das nun folgende ABC-Rollenspiel „Der starke Hans" greift das Dilemma eines Mitarbeiters auf, der mitbekommt, dass sein Kollege offenbar Alkoholprobleme hat. Auch der Vorgesetzte der beiden steckt in einer Zwickmühle, da er mit dem Betroffenen eine alte Freundschaft hat: das Phänomen des Co-Alkoholismus lässt sich mit diesem Spiel sehr schön herausarbeiten.

ABC – Rollenspiel: „Der starke Hans". Ein Szenario zum Thema Sucht im Betrieb

Vorgeschichte:
Hans A. und Peter B. sind Polizei-Inspektoren in der Gruppe von Dienstgruppenführer Günter D. Die beiden Kollegen fahren miteinander Streife und verstehen sich prima, auch das Klima in der ganzen Dienstgruppe ist sehr gut. Oft geht man nach dem Dienst noch auf ein schnelles Bier, und privat kommen die Kollegen häufig zu privaten Treffen und Feiern zusammen. Günter als Vorgesetzter macht da keine Ausnahme, er war früher selbst Kollege der anderen und sieht seine Vorgesetztenrolle eher kameradschaftlich-locker.
In den letzten Wochen und Monaten hat Peter bei Hans immer häufiger eine Alkoholfahne gerochen, auch während des Streifendienstes. Bei Verkehrskontrollen und anderen Einsätzen ist Hans auch schon ein paar Mal handgreiflich geworden, was früher nie der Fall war.

Spielrunde 1:

Als Peter sieht, wie Hans während einer Streife heimlich aus einem Flachmann trinkt, beginnt er sich ernsthaft Sorgen zu machen. Als sie nach Feierabend im Gemeinschaftsraum gerade allein sind, spricht er ihn darauf an.

	A	B	C
Spielrunde 1:	Peter	Hans	Beobachter

Als Teilnehmer-Unterlage hier abtrennen

Spielrunde 2:

Hans hat die Bedenken von Peter nicht zerstreuen können. Er riecht zwar nur noch nach Pfefferminze und Kräuterbonbons, Peter aber kennt ihn gut genug, um zu wissen, dass Hans weiterhin trinkt. Er hat Angst um seinen Kollegen und alten Freund und will ihm helfen. Schweren Herzens vertraut er sich seinem Dienstgruppenführer Günter an. Freilich bittet er, dass Günter seine Angaben vertraulich behandelt.

	A	B	C
Spielrunde 2:	Günter	Beobachter	Peter

Als Teilnehmer-Unterlage hier abtrennen

Spielrunde 3:

Nach dem Gespräch mit Peter teilt Günter seinem Mitarbeiter Hans mit, dass er mit ihm reden müsse. Er habe da einiges mitbekommen, was so nicht weiter gehen könne.

	A	B	C
Spielrunde 3:	Beobachter	Günter	Hans

Mit dem breiter angelegten Planrollenspiel lernen wir neben dem ABC-Rollenspiel und dem Parteilichen Rollenspiel eine weitere Rollenspielform kennen. Das Szenario „Sucht im Betrieb" fußt auf einer im Betrieb vorhandenen Dienstvereinbarung zum Thema „Alkohol im Betrieb".

Eine solche Vereinbarung regelt den Umgang mit Alkohol (und manchmal auch mit anderen Suchtmitteln) im Betrieb und gibt einen Weg vor, wie mit alkoholauffälligen Mitarbeitern zu verfahren ist. Sie muss, um Gültigkeit zu haben, zwischen der Betriebs- oder Geschäftsleitung und der Personalvertretung vereinbart sein. Auch sollte sie allen Beteiligten im Betrieb bekannt und zugänglich sein.

Im Allgemeinen hat sie folgende Ziele:

- *Sie soll Alkoholmissbrauch vorbeugen und die Arbeitsfähigkeit der Beschäftigten erhalten,*
- *Alkoholkranke und -gefährdete in Hilfe bringen,*
- *die Arbeitssicherheit gewährleisten und*
- *die Gleichbehandlung aller Betroffenen sicherstellen.*

In ihr sind normalerweise Regelungen enthalten über

- *den Geltungsbereich der Dienstvereinbarung,*
- *den Umgang mit Alkohol während der Arbeitszeiten und in den Arbeitsräumen,*
- *Information und Schulungen der Mitarbeiter,*
- *interne und externe psychosoziale Beratung und Betreuung,*
- *Verfahrensweise bei alkoholauffälligen Beschäftigten,*

- *nachgehende Hilfe und*
- *Rückfälle von bereits rehabilitierten Mitarbeitern.*

Für Betriebe und Verwaltungen, in denen keine solche Vereinbarung vorhanden ist, hält „Das Suchtbuch für die Arbeitswelt", herausgegeben vom IG-Metall-Vorstand, zahlreiche gute Anregungen bereit. In ihm ist neben vielen weiteren Hinweisen eine Musterdienstvereinbarung enthalten, die inzwischen bundesweit Grundlage für viele Dienstvereinbarungen zur Suchtproblematik im Betrieb geworden ist.
Das folgende Rollenplanspiel ist eigens dazu gedacht, eine solche Dienstvereinbarung, die in vielen Betrieben zwar vorhanden, aber oft nur ein wenig bekanntes und genutztes Stück Papier ist, zum Leben zu erwecken und mit ihr zu arbeiten.

Rollenplanspiel „Sucht am Arbeitsplatz" mit Dienstvereinbarung

Ein Planspiel zum Umgang mit einer Suchtvereinbarung einer Verwaltung am Beispiel der Polizei

Material: Geltende Dienstvereinbarung/Suchtvereinbarung als Grundlage für alle Teilnehmer; Rollenanweisungen und Hinweise für die Teilnehmer, Spielanweisungen für die einzelnen Schritte
Teilnehmer-Zahl: 10–20
Dauer: ca. 90 Min.

Das Rollenplanspiel spielt die Vorgehensweise bei Alkoholgefährdung eines Mitarbeiters gemäß einer vorliegenden Suchtvereinbarung an einem konkreten Fall durch. Die vier zu spielenden Runden und ihre darin vertretenen Rollen richten sich nach den in der Suchtvereinbarung beschriebenen Schritten.

Vorbereitung: Die Mitspieler teilen sich in zwei Gruppen: eine für Albert Wahl, den Betroffenen des Falles (Gruppe A), eine für Bernd Großmann, seinen unmittelbaren Vorgesetzten (Gruppe B). Die entsprechenden Rollenhinweise zu Runde 1 werden an die betreffende Gruppe verteilt, die „Hinweise für alle Beteiligten" bekommen alle Teilnehmer.
Die Hinweise für die Beteiligten der weiteren Runden behält zunächst der Spielleiter, der sie zum gegebenen Zeitpunkt verteilt.

Spielregel: Die beiden Gruppen machen sich zunächst mit ihren Rollen vertraut.
Das Spiel beginnt mit folgender Eingabe des Spielleiters:
Bernd Großmann wird von der Telefonzentrale mit einem aufgebrachten Anrufer verbunden:
„Ich möchte mich beschweren! Gestern Abend geriet ich in eine Fahrzeugkontrolle der Polizei von zwei Ihrer Beamten, Albert Wahl und Jens Müller. Die Namen habe ich mir gleich notiert. Die beiden haben bei mir eine Alkoholkontrolle durchgeführt. Bei mir haben sie natürlich nichts festgestellt, aber dieser Wahl hatte eine Fahne, die roch zehn Meilen gegen den Wind. Wenn das der neue Polizeistil ist, dann möchte ich mich aber bedanken!"
Gruppe B soll nun ihr weiteres Vorgehen absprechen und sich dabei auf die Vorgaben der vorliegenden Suchtvereinbarung stützen. Sie bespricht sich offen mit dem Spielleiter und führt dann mit einem Vertreter aus ihrer Mitte als Bernd Großmann das Gespräch. Gruppe A bestimmt ebenfalls ein Gruppenmitglied, das Albert Wahl spielt.
Die gespielte Szene kann jederzeit unterbrochen werden, um eine bestimmte Passage nochmals (evtl. auch von einem anderen Gruppenmitglied) durchzuspielen.

Nach jeder Runde überlegen die Gruppen neu, wie es für die nächste Runde weitergehen könnte und der Spielleiter gibt, wenn neue Gesprächsteilnehmer hinzukommen, die entsprechenden Rollenanweisungen an die Mitspieler aus.

Übersicht über Ablauf und Rollen/Beteiligte:
Runde 1:

- Albert Wahl, Betroffener
- Bernd Großmann, unmittelbarer Vorgesetzter von Wahl und Müller

Zwei Monate vergehen.

In Runde 2 kommen bei Bedarf hinzu:

- Georg Sieber, (nächst)höherer Vorgesetzter
- Jens Müller, Kollege von Albert Wahl

Zwei Monate vergehen.

In Runde 3 kommen bei Bedarf hinzu:

- Frank Schöller, Suchtkrankenhelfer
- Ingo Kersten, Personalvertreter
- Dr. Seibold, Polizeiarzt

Drei Monate vergehen.

In Runde 4 kommen bei Bedarf hinzu:

- Andrea Wahl, Ehefrau von Albert Wahl
- Harald Gerstetter, Personalleiter

Den oberen Abschnitt entsprechend der Mitspieler kopieren

Hinweise für alle Beteiligten:

Im vorliegenden Fall geht es um den Polizeibeamten Albert Wahl, 42 Jahre, seit 22 Jahren im Polizeidienst. Er ist verheiratet und hat zwei Kinder. Familie Wahl ist vor zwei Jahren in ihr neugebautes Haus eingezogen.
Er gilt in seinem Kollegen- und Bekanntenkreis als engagierter Polizist, dem der Beruf Freude bereitet. Im Streifendienst ist er meist mit seinem Kollegen Jens Müller eingeteilt. Er gehört in die Abteilung von Georg Sieber und zur Dienstgruppe von Bernd Großmann.
Bei seinen Kollegen ist er beliebt, auch wenn diese das Gefühl haben, dass er sich in den letzten Monaten etwas absondert.
In der Freizeit hält er sich mit Squash fit.

Hinweise für Albert Wahl, Betroffener

Sie sind Albert Wahl, 42 Jahre, seit 22 Jahren im Polizeidienst. Sie sind verheiratet mit Ihrer Frau Andrea und haben zwei Kinder, 12 und 16 Jahre alt. Vor zwei Jahren haben Sie gebaut. Ihre Frau arbeitet halbtags.
Im Streifendienst sind Sie meist zusammen mit Jens Müller, 24, eingeteilt. Sie verstehen sich gut, auch wenn Sie kein enges, vertrautes Verhältnis zueinander haben.
Ihren direkten Vorgesetzten Bernd Großmann kennen Sie seit langem und waren früher, als Sie noch in derselben Dienstgruppe arbeiteten, mit ihm gut befreundet gewesen. Damals sind sie auch öfter nach Feierabend einen trinken gegangen.
Sie waren trotz der Belastungen immer gerne Polizist und identifizierten sich stark mit Ihrem Beruf und seinen Aufgaben. In den letzten Jahren jedoch haben Sie sich innerlich vom Dienst entfremdet: Mit einem Mal zweifeln Sie am Sinn Ihrer Tätigkeit und Ihres Einsatzes. Auch sind sie vor einem Jahr sehr enttäuscht worden, als Ihnen eine bereits zugesagte Beförderung wegen eines allgemeinen Beförderungsstopps nicht gewährt wurde.
In Ihrer Ehe kriselt es zunehmend. Ihre Kinder gehen immer mehr eigene Wege, deren Freunde kennen Sie kaum. Größere Sorgen aber machen Ihnen die Schulden wegen Ihres Hausbaus; als Sie den Bau begannen, hatten Sie fest mit der Gehaltserhöhung gerechnet. Das Geld fehlt Ihnen nun.
In Ihrer Freizeit sind Sie als 2. Vorsitzender des Squashclubs Ihres Heimatortes stark engagiert. Sie genießen dort sowohl die körperliche Anstrengung wie auch die Entspannung beim „Après-Squash" im Kreise der Vereinskameraden, wozu Sie sich gerne ein paar Biere und in letzter Zeit auch mal ein paar Obstler genehmigen. Diese Art von Entspannung in Verbindung mit Alkohol suchen Sie in den letzten Monaten immer stärker – auch während des Dienstes, was freilich niemand merken darf. Fahren lassen Sie dann Ihren Kollegen Jens, der ohnehin gerne fährt. Sie sind sich sicher, dass er von Ihren gelegentlichen Stärkungstrunken auch noch nichts gemerkt hat.

Hinweise für Bernd Großmann, unmittelbarer Vorgesetzter

Sie sind Bernd Großmann, Dienstgruppenführer von Albert Wahl, Jens Müller und weiteren Beamten im Streifen- und Vollzugsdienst.
Sie kennen Albert seit langem und waren früher, als Sie noch in derselben Dienstgruppe arbeiteten, mit ihm gut befreundet, sind damals auch oft nach Feierabend oder am Wochenende noch zusammen gewesen und haben auch ab und zu noch einen „Zug durch die Gemeinde" gemacht.
Aufgrund Ihres Dienstalters und entsprechender Fortbildungen wurden Sie vor vier Jahren zum Dienstgruppenführer befördert. Seither haben Sie zu Albert den Kontakt etwas verloren, schätzen ihn aber als loyalen Mitarbeiter und vertrauen ihm.
Die Diensteinteilung macht Ihnen in der letzten Zeit große Sorgen: ein Kollege ist wegen einer Fortbildung alle paar Wochen vom Streifendienst befreit, ein weiterer Kollege ist wegen einer Verletzung schon Monate krankgeschrieben, Ersatz haben Sie bislang nicht erhalten.
Auch Albert Wahl hat sich in letzter Zeit des Öfteren (und auch öfter als früher) krankgemeldet.
Sie hoffen darauf, dass keine weiteren Ausfälle passieren, da Ihr Vorgesetzter, Abteilungsleiter Sieber, von Ihnen erwartet, dass Sie den Dienstplan lückenlos halten.
Mit Alkoholfällen unter Ihren Mitarbeitern hatten Sie bislang nichts zu tun; die entsprechende Dienstvereinbarung kennen Sie selbstverständlich.

Hinweise für Georg Sieber, nächsthöherer Vorgesetzter

Sie sind Vorgesetzter von Dienstgruppenführer Bernd Großmann und weiteren Mitarbeitern.
Von Ihren Mitarbeitern – auch in den unteren Dienstgraden – erwarten Sie ein stets korrektes Verhalten im Dienst, schließlich geht es um das Ansehen Ihrer Abteilung. Dabei sind Sie jedoch der Meinung, dass in seiner Freizeit jeder tun kann, was er will, wenn das Renommee der Polizei nicht beschädigt wird, insbesondere nicht das Ihrer Abteilung.
Alkoholkranke Mitarbeiter – das können Sie sich in Ihrer Abteilung eigentlich nicht vorstellen. Die entsprechende Dienstvereinbarung kennen Sie selbstverständlich.

Hinweise für Frank Schöller, Suchtkrankenhelfer

Seit Ihrer Ausbildung zum Betrieblichen Suchtkrankenhelfer sind bereits drei Jahre vergangen, Jahre, in denen Sie sich manchmal gefragt haben, warum Sie diese Ausbildung überhaupt gemacht haben, denn bislang ist noch nie etwas vorgefallen. Dennoch halten Sie sich auf dem Laufenden, besuchen entsprechende Fortbildungen, wenn der Dienstplan es zulässt, lesen hin und wieder Fachliteratur und hängen ab und zu ein Plakat mit „Alkohol – nein danke!" auf.

Hinweise für Dr. Seibold, Polizeiarzt/Amtsarzt

Sie sind Dr. Seibold, als Polizeiarzt zuständig für mehrere hundert Mitarbeiter.
Falls Sie Albert Wahl untersuchen müssen, werden Sie etwas erhöhte Leberwerte, leicht verzögerte Reaktionszeiten und einen Blutalkohol von 0,4 ‰ feststellen. Sie schließen aufgrund dieses Befundes auf häufigen Alkoholmissbrauch und können eine bestehende Suchtgefährdung nicht ausschließen.

Hinweise für Ingo Kersten, Personalvertreter

Sie sind Ingo Kersten, seit zehn Jahren gewählter Personalvertreter und Mitglied der Gewerkschaft der Polizei. Solidarität gegenüber Kollegen ist Ihnen ein hohes Gut. Sie engagieren sich stark für bessere Arbeitsbedingungen Ihrer Kolleginnen und Kollegen, können jedoch in Zeiten starker Personalknappheit nur noch wenig erreichen. Den verordneten Beförderungsstopp vor einem Jahr mussten Sie jedoch, wie viele andere Personalvertreter auch, zähneknirschend hinnehmen.
Mit Albert Wahl hatten Sie bislang nur wegen dieser Sache zu tun. Damals haben Sie ihm geholfen, einen Beschwerdebrief zu formulieren, leider ohne Erfolg.

Hinweise für Harald Gerstetter, Personalleiter

Sie sind als Personalleiter verantwortlich für mehrere hundert Mitarbeiter. Sie sind seit einem Jahr auf diesem Posten, früher arbeiteten Sie in einer anderen Polizeidirektion. Mit Alkoholfällen unter den Mitarbeitern hatten Sie bis jetzt nichts zu tun; die entsprechende Dienstvereinbarung kennen Sie selbstverständlich.

Hinweise für Andrea Wahl, Ehefrau von Albert

Sie sind 38, und seit 17 Jahren mit Albert Wahl verheiratet. Nachdem Sie vor zwei Jahren gebaut haben und die Kinder ohnehin kaum noch zu Hause sind, arbeiten Sie nun wieder halbtags in Ihrem alten Beruf als Verkäuferin.
Die Schulden des Hauses bedrücken Sie stark, um so mehr als Ihr Mann eine bereits zugesagte Beförderung, mit deren Geld Sie auch schon fest gerechnet hatten, wegen eines allgemeinen Beförderungsstopps nicht erhalten hat. Sie würden gern mehr arbeiten, haben aber bis jetzt darauf verzichtet, um genug Zeit für Ihre Familie zu haben, insbesondere nachdem Ihr Ältester Ihnen zunehmend Sorge bereitet: In der Schule hat er stark nachgelassen, und Sie vermuten, dass er gelegentlich Haschisch raucht.
Mit Ihrem Mann können Sie darüber kaum reden: Meist ist er müde und abgespannt, wenn er vom Dienst nach Hause kommt, und häufig geht er nach Feierabend in seinen Squashclub, um sich zu entspannen, wie er sagt. Sie haben sich von einander entfremdet, ein richtiges Gespräch haben Sie ohnehin schon seit Jahren nicht mehr miteinander geführt.
Albert hat früher auch schon mal ein Glas zu viel getrunken. In den letzten Monaten kam Albert jedoch immer öfter betrunken vom Squash nach Hause, war manchmal auch am Morgen zum Dienst noch nicht ganz nüchtern. Häufig gab es dann Streit mit Albert, dennoch haben Sie ihn ein paar Mal schon telefonisch bei seinem Vorgesetzten als krank entschuldigt.
Sie machen sich Sorgen, dass jemand in der Arbeit mal etwas merken könnte und hoffen insgeheim, dass diese Phase wieder vorbei geht.

Hinweise für Kollege Jens Müller

In den anderthalb Jahren, seit Sie in dieser Abteilung sind, sind Sie im Dienstplan meist mit Albert Wahl eingeteilt und gehen gemeinsam auf Streife. Albert hat Sie eingearbeitet und Sie schätzen ihn als guten Kollegen, Freundschaft wäre aber sicher zu viel gesagt.
In letzter Zeit haben Sie an Albert häufig eine Alkoholfahne gerochen, ihn aber im Dienst noch nicht beim Trinken beobachtet – nach Dienst schon und da schluckt er einiges weg. Angesprochen haben Sie ihn deswegen noch nicht, Gedanken machen Sie sich aber.

Wie in der Schule oder in der Jugendarbeit bestimmt auch in der Arbeitswelt das Verhältnis der Verantwortlichen zum Thema Sucht ganz entscheidend die Bedingungen, unter denen sich eine Suchtgefährdung bei den jeweiligen „Betriebsangehörigen" – Schülern, Jugendlichen oder Mitarbeitern – entwickeln kann. Die Personalverantwortlichen, sowohl Vorgesetzte wie auch Arbeitnehmervertreter, scheuen sich leider oft, diese Verantwortung anzuerkennen oder ihr gemäß zu handeln. Nehmen sie an einer Schulung über Suchtprobleme am Arbeitsplatz teil, lässt sich mit dem Prioritätenspiel eindrucksvoll die Verantwortlichkeit herausarbeiten.

Prioritätenspiel zur Suchtvorbeugung im Betrieb

Frage: „Welches sind Ihrer Meinung nach die Faktoren, die eine Suchtgefährdung Ihrer Mitarbeiter am stärksten fördert?"
Aufgabe: Bitte bringen Sie die nachfolgend genannten Antwortvorgaben in die für Sie richtige Reihenfolge. Diejenige Ursache, die für Sie persönlich am schwerwiegendsten ist, bewerten Sie dabei mit einer „1", die am zweitwichtigsten mit einer „2" usw.
Verwenden Sie jede Zahl nur einmal.
Übertragen Sie bitte anschließend Ihre Rangfolge auf den Kontrollabschnitt und trennen Sie diesen ab.

Kontrollabschnitt	**Bitte erst diesen Abschnitt ausfüllen!**
A ❍	❍ A : zu viele Betriebsfeiern
B ❍	❍ B : Vorschriften werden nicht eingehalten
C ❍	❍ C : Alkoholkonsum wird nicht reglementiert
D ❍	❍ D : schlechtes Vorbild durch ältere Kollegen
E ❍	❍ E : Vorgesetzte sind selbst betroffen
F ❍	❍ F : Gleichgültigkeit der Verantwortlichen gegenüber Suchtproblemen
G ❍	❍ G : schlechtes Betriebsklima
H ❍	❍ H : zu viele Lokale im Betriebsumfeld
I ❍	❍ I : Alkohol ist Tabuthema
J ❍	❍ J : schlechte oder belastende Arbeitsbedingungen
K ❍	❍ K : Arbeitnehmervertreter blockieren wichtige Vereinbarungen
L ❍	❍ L : ....
M ❍	❍ M : ....
N ❍	❍ N : ....

Kontrollabschnitt zur Auswertung bitte abtrennen und abgeben.

Nach: Ulrich Baer: „Prioritätenspiel". Remscheider Diskussionsspiele, Robin-Hood-Versand.

Kapitel 5

Spielaktionen zur Sucht-vorbeugung

Einführung

Die bisher beschriebenen Spiele waren auf unser Thema Suchtprävention hin zugeschnitten und zu diesem Zweck pädagogisch aufbereitet. Das heißt, wir haben bisher noch nicht aus bloßer Freude am Spielen gespielt, sondern dabei stets bedacht, dass das Spiel als Methode im Dienste der guten Sache steht.

Diesen Gedanken brauchen wir auch im Folgenden nicht völlig beiseite zu schieben. Dennoch unterscheiden sich die Spielaktionen in diesem Teil – mit Ausnahme der „Gesundheitsrallye" – von den bisher beschriebenen Spielen. Sie sind nicht ausschließlich an das Thema Suchtprävention gebunden und haben weniger die Pädagogik als vielmehr Spielfreude und Spaß im Sinn. Mit anderen Worten: In diesem Teil gibt es mehr Fun und mehr Action! Dennoch oder gerade deshalb lassen sich die hier vorgestellten Spielaktionen gut in präventive Projekte einbauen.

Das Projekt „Drogenfreies Unterland", das auf den folgenden Seiten vorgestellt wird, ist eine Kennenlernspielaktion für Gruppen, die einen längeren Arbeitsprozess vor sich haben, und für deren Mitglieder es deshalb gut ist, eine persönliche Beziehung untereinander aufzubauen. Es lässt sich übrigens nach etwas Umwandlung zu einem „Agententraining" auch als Spielnachmittag für Kinder durchführen.

Die Pyramide der Todespygmäen ist eine Spielaktion nach Motiven der Indiana-Jones™-Serie, spielbar für Kinder, Jugendliche und Erwachsene, bestückt mit vielen schönen Initiativspielen.

„Der Kleine Sinnesgarten" und „Das Grabmal des Grauens" sind beides Spielaktionen für die Sinne, einmal aufgebaut als Spiele-Markt, das andere Mal als Spielekette unter besonderer Verwendung eines Tageslichtprojektors.

Die Spiele mit System sind eine kleine aber feine Einheit für den Abend im Zeltlager oder im Schullandheim oder jedes Spiel für sich einfach mal so für zwischendurch.

Die Gesundheitsrallye schließlich ist eine offene Spielaktion in vielerlei Hinsicht: offen in ihrem Inhalt und offen in ihrem Ausgang. Lassen Sie sich überraschen!

Das „Projekt Drogenfreies Unterland PDU" oder: „Prävention durch Observation"

Ein nicht ganz ernst zu nehmender Lehrgang

Die Idee zu der nachfolgenden Spielaktion kam mir während der Vorbereitung einer Lehrerfortbildung zur Suchtprävention. Drei Tage sollten die Teilnehmer und ich in einem Tagungshaus miteinander verbringen: Zeit genug, um sich ausführlich kennen zu lernen, am besten durch einige Kennenlernspiele.
Die passenden Spiele dazu hatte ich bald zusammengesucht. Doch fehlte mir noch ein roter Faden, welcher die einzelnen Übungen zu einer gemeinsamen Spielaktion verbinden könnte, eine Spielhandlung, welche auch irgendwie zu unserem Thema, der Suchtvorbeugung, passen sollte.
Was dabei herauskam, finden Sie auf den folgenden Seiten. Es sollte eigentlich eine schwarze Satire sein, doch manchmal bei der Zeitungslektüre denke ich, wir sind nicht mehr weit davon entfernt: Suchtvorbeugung im Sinn von Drogenbekämpfung allein mit den Mitteln polizeilicher Ermittlungen. Und da die Polizeikräfte nicht für eine flächendeckende Überwachung aller Verdächtigen ausreichen, sollen nun Laien (die Seminarteilnehmer) als „Präventions-Observierer" in einem Crashkurs ausgebildet werden, um dieses Ziel zu erreichen.

PROJEKT DROGENFREIES UNTERLAND

Der Lehrgang beginnt mit einem kleinen Referat, in welchem die Notwendigkeit eines neuartigen Vorgehens mit dem offenkundigen Versagen der bisherigen Suchtprophylaxe (schließlich steigt die Zahl der Neueinsteiger in Drogen immer weiter) begründet wird. Und es endet mit dem Bestehen aller Teilnehmer und dem Verteilen einer hochoffiziellen Ernennungsurkunde.
Wenn Ihnen keine besseren Worte einfallen, können Sie das Referat so übernehmen. Ziehen Sie sich etwas offizieller dazu an! Krawatte und Jackett bzw. chices Kostüm sind für Sie als offiziellen Vertreter des Ministeriums für Gesundheitsprävention hier Pflicht! Schließlich wollen Sie (zunächst einmal) ernst genommen werden!
Zur Unterstützung verwenden Sie die beiden Folien (die Vorlagen können Sie auf Folie kopieren). Decken Sie die Folien ab und nur soweit auf, wie weit Sie gerade mit Ihrem Referat sind.
Nach Ihrer Rede beginnen Sie unmittelbar mit den Übungen.
Erklären Sie jeweils kurz, welche Fähigkeit die Übung trainieren soll (dies ist bei jeder Übung in Stichworten angegeben).

Einführungsreferat:

Das Projekt „Drogenfreies Unterland"

„Meine sehr verehrten Damen und Herren, bevor ich Ihnen das Projekt in Einzelnen erläutere, lassen sich mich einige Worte zur Ausgangslage machen:
Die bisherigen Modelle zur Suchtprophylaxe haben versagt!
Die Zahl der Konsumenten legaler wie illegaler Drogen steigt weiter oder hat sich auf einem hohen – zu hohen! – Level eingependelt.
Aufgrund dieser unhaltbaren Zustände hat eine Arbeitsgruppe im Ministerium für Gesundheitsprävention, zu der Fachleute des Oberkriminalamtes und des Landesnachrichtendienstes beratend hinzugezogen wurden, ein Programm entwickelt, das auf folgenden Prämissen für einen Paradigmenwechsel beruht:

- Sucht ist eine Krankheit!
- Sucht ist eine Krankheit mit hohem Ansteckungspotential!
- Schutz von (noch) nicht infizierten Mitbürgerinnen und Mitbürgern hat bei allen Maßnahmen allererste Priorität!

Dieses Programm soll auf breiter Basis umgesetzt werden.
Dazu vorgesehen ist das Maßnahmenpaket A – A – A

- **A**ufklärung der nicht infizierten Bevölkerung, um durch geeignete Maßnahmen der Hilfe zur Selbsthilfe eine Ansteckung zu vermeiden;

Observierung von Menschen, die mit gefährlichen Drogen Umgang pflegen, und die darauf folgende

- **A**ussonderung von Gefährdeten und bereits Drogenabhängigen und ihre Zuführung zu einer jeweils geeigneten Behandlung;

Überantwortung von Drogenhändlern an die zuständigen Justizbehörden mit dem Ziel der

- **A**uslieferung an die jeweiligen Heimatländer.

Notwendig dazu ist eine flächendeckende Observation aller Lebensbereiche mit dem Ziel, bereits im Vorfeld, präventiv also, verdächtige Personen und Handlungen zu erkennen, zu melden und zu untersuchen.

Dieses Programm lässt sich am besten unter dem Schlagwort

„Prävention durch Observation"

zusammenfassen.

Die Kräfte unserer Polizei reichen zur flächendeckenden und lückenlosen Durchführung dieses Programms nicht aus.
Deshalb soll nun versucht werden, dieses Defizit durch einen semiprofessionellen Ansatz auszugleichen.
Erreicht werden soll dies durch die Aus- und Fortbildung geeigneter Personen, die im Umfeld möglicher Drogenkonsumenten arbeiten:

- Lehrkörper an Schulen und Hochschulen,
- Mitarbeiter von Jugendeinrichtungen,
- Mitarbeiter von Sozial- und Jugendämtern,
- (...)

Vor einer Umsetzung auf breiter Basis wird und wurde dieses Programm in den Ballungszentren des Unterlandes in einem landesweit einzigartigen Pilotprojekt modellhaft erprobt.
Nach einer äußerst erfolgreichen Zwischenauswertung erfolgt nun Phase 2: nämlich die Vernetzung mit den angrenzenden Regionen des Unterlandes.
Ich bin daher sehr froh um die Möglichkeit, auch Ihnen als Multiplikatoren in andere Kommunen hinein einen ersten Einstieg in das Projekt „Drogenfreies Unterland" zu ermöglichen!
Als Beauftragter für Gesundheitsprävention habe ich nunmehr die Ehre und große Freude, Sie, meine sehr verehrten Damen und Herren, hier und heute zur „Präventionsobserviererin" bzw. zum „Präventionsobservierer" mittels eines Intensivkompaktlehrganges fortzubilden.

Folie 1

Ministerium für Gesundheitsprävention

Projekt Drogenfreies Unterland

PROJEKT DROGENFREIES UNTERLAND

Ausgangslage:

Bisherige Suchtprophylaxe hat versagt!

Arbeitsgruppe des Ministeriums für Gesundheitsprävention mit OKA und LND

Prämissen für einen Paradigmenwechsel:

- Sucht ist eine Krankheit!
- mit hohem Ansteckungspotential!
- Schutz nicht infizierter Mitbürgerinnen und Mitbürger hat Priorität!

Maßnahmenpaket A – A – A

- **A**ufklärung
  - Hilfe zur Selbsthilfe
  - Ansteckung vermeiden

- **A**ussonderung von Gefährdeten und bereits Drogenabhängigen und ihre Zuführung zu einer jeweils geeigneten Behandlung

  Drogenhändler an Justizbehörden. Ziel:
- **A**uslieferung an die jeweiligen Heimatländer

Polizeikräfte sind nicht ausreichend!

Folie 2

Ministerium für Gesundheitsprävention

Projekt Drogenfreies Unterland

PROJEKT DROGENFREIES UNTERLAND

Ausgleich durch semiprofessionellen Ansatz mittels der Aus- und Fortbildung geeigneter Personen:

- Lehrkörper an Schulen und Hochschulen,
- Mitarbeiter von Jugendeinrichtungen,
- Mitarbeiter von Sozial- und Jugendämtern.
- (...)

Prävention durch Observation
PDU

Vor Umsetzung auf breiter Basis modellhafte Erprobung

PDU als landesweites Pilotprojekt!

Nach erfolgreicher Erprobung vor Ort nun Phase 2:

Vernetzung auch mit den angrenzenden Regionen des Unterlandes

Intensivkompaktlehrgang zur „Präventionsobservierererin"/zum „Präventionsobservierer"

Intensiv-Kompakt-Lehrgang

zum Präventions-Observierer/zur Präventions-Observiererin

nach dem

PROJEKT DROGENFREIES UNTERLAND

Übersicht:

Erste Übung:	Mit geheimen Codekarten umgehen können, Partner finden
Zweite Übung:	Verhöre durchführen, Falschaussagen erkennen können
Dritte Übung:	Dienstmarken mit verschiedenen Wappen verdeckt vorzeigen, in kleinen Teams unauffällig zusammenfinden
Vierte Übung:	Genau beobachten können
Fünfte Übung:	In Dunkelheit Formen erkennen und wiedergeben können
Sechste Übung:	Sich im Dunkeln zurechtfinden können
Siebte Übung:	Gegnerische Agenten erkennen
Achte Übung:	Beweismaterial sicherstellen

Erste Übung: Mit geheimen Codekarten umgehen können, Partner finden

Paare bilden mit Schlüssel-Schlosskarten

Material: Schlüssel-Schlosskarten (Karteikarten, die mit einer Schere im Zickzack zerschnitten werden, so dass die Hälften eindeutig zusammenpassen wie ein Schlüssel zum Schloss(!)
Teilnehmer-Zahl für diese und alle übrigen Übungen: bis Klassenstärke
Dauer: ca. 5 Min.
Spielregel: Zu Beginn bekommt jeder Mitspieler eine halbe Schlüssel-Schlosskarte.
Alle Mitspieler laufen nun (evtl. mit schneller Begleitmusik) umher und tauschen miteinander – unauffällig! – ihre Karten. Auf ein Zeichen des Spielleiters (oder bei Musik-Stopp) muss sich jeder Mitspieler einen Partner mit der passenden Schlüssel-Schlosskarte suchen.

Zweite Übung: Verhöre durchführen, Falschaussagen erkennen können

Lügen-Portrait

Material: Evtl. je Teilnehmer Papier u. Stift
Spielregel: Paare interviewen sich gegenseitig über z. B. Name, Wohnort, Arbeit, Hobbys, Erwartungen, Haustiere ... Dann stellt Spieler A Spieler B vor und umgekehrt, indem der ganzen Gruppe vier Einzelheiten über die Person berichtet werden, die der Berichterstatter am interessantesten fand. Eine Einzelheit soll dabei „gelogen“ (erfunden) sein. Die ganze Gruppe soll dann raten, welches die erfundene Information war. Was tatsächlich gelogen ist, sprechen A und B miteinander ab.
Aus: Ulrich Baer: „666 Spiele“, Seelze-Velber 1998.

Dritte Übung: Dienstmarken mit verschiedenen Wappen verdeckt vorzeigen, in kleinen Teams unauffällig zusammenfinden

Paare bilden

Material: Kronkorken von Bier- oder Limoflaschen
Dauer: ca. 5 Min.
Spielregel: siehe erste Übung
Variante: mit Klebepunkten: Der Spielleiter klebt jedem Mitspieler einen farbigen oder gemusterten Klebepunkt auf die Stirn, ohne dass dieser die Farbe sehen kann. Von jeder Farbe bzw. von jedem Muster sind zwei Klebepunkte vorhanden. Die Partner sollen sich nun finden, ohne dass sie selbst wüssten, welche Markierung sie tragen; dies müssen sie anhand der Beobachtung der anderen Muster erschließen.
Pädagogischer Hinweis: Die Variante ist nur für Gruppen bis zu zwölf Teilnehmern geeignet.

Vierte Übung: Genau beobachten können

Das beste Spiel heißt: Siehe zu.
Alter Spruch

Kleidung verändern

Material: –
Dauer: unter 10 Min.
Spielregel: Paarweise gegenüber voneinander aufstellen und sich genau ansehen.
Dann dreht sich einer um, der andere ändert etwas an seiner Kleidung (Variante: oder Körperhaltung) und der Partner soll es herausfinden. Öfter Rollenwechsel!
Variante: Veränderungen ertasten mit geschlossenen Augen.
Aus: Ulrich Baer: „666 Spiele", Seelze-Velber 1998.

Fünfte Übung: In Dunkelheit Formen erkennen und wiedergeben können

Denkmalkopie

Material: –
Dauer: unter 10 Min.
Spielregel: Paare bilden. Spieler A stellt (setzt, legt) sich als Denkmal in irgendeiner ungewöhnlichen Körperhaltung hin, während B die Augen geschlossen hat. Dann soll B die Haltung von A ertasten und genau nachmachen (weiterhin mit geschlossenen Augen!). Dann vergleichen. Rollenwechsel!
Aus: Ulrich Baer: „666 Spiele", Seelze-Velber 1998.

Sechste Übung: Sich im Dunkeln zurechtfinden können

Wind im Wald – Durchpusten

Material: evtl. Nacht- oder Waldgeräusche
Dauer: unter 10 Min.
Spielregel: Die Gruppe steht dicht gedrängt, einer soll quer durch diesen „Wald" mit geschlossenen Augen hindurchfinden, ohne gegen die Bäume zu stoßen. Ein hilfreicher Wind weht durch den Wald. Kommt der einsame nächtliche Wanderer einem Baum zu nahe, spürt er den Wind, der durch die Blätter rauscht (er wird angepustet und weiß dann, dass dort ein Hindernis ist). Aufpassen: Unbedingt ganz langsam gehen und sich auf jeden Windhauch konzentrieren.
Aus: Ulrich Baer: „666 Spiele", Seelze-Velber 1998.

Siebte Übung: Gegnerische Agenten erkennen

Schläfer

Material: kleine Spielfigur, Murmel o. Ä., passende Musik
Dauer: 10 Min.
Der Ausdruck „Schläfer" kommt aus der Geheimdienstsprache und bezeichnet einen Spion, der jahrelang keinerlei geheimdienstlichen Tätigkeit nachgeht, bis er eines Tages von seinen Auftraggebern „geweckt" wird und sein übles Werk beginnt ...
Spielregel: Der Spielleiter tut so, als ob er allen Mitspielern irgendeinen kleinen Gegenstand in die hohle Hand gibt, tatsächlich gibt er ihn aber nur einem Mitspieler – dem Schläfer! Nun gehen alle Mitspieler durcheinander zur Musik im Raum umher. Auf Musikstopp rennt der Schläfer sofort los, um ein vorher mit allen vereinbartes Ziel zu erreichen (Zimmerecke, Baum etc.). Die anderen müssen versuchen, ihn vorher abzuschlagen. Doch erst müssen sie einmal erkennen, wer der Schläfer ist ...
Wer den Schläfer abschlägt, darf in der nächsten Runde den Schläfer bestimmen.
Variante 1: Der Spielleiter gibt das vom Schläfer zu erreichende Ziel erst beim Musikstopp bekannt.
Variante 2: Der Schläfer muss das Ziel nicht unmittelbar, sondern in einer bestimmten Zeit (z. B. zwei Minuten) erreichen. Diese Zeit kann er nutzen, sich zunächst unauffällig an das Ziel heranzupirschen.
Nach Josef Griesbeck: „Glaskugel-Spiel". In: „Jeder Anfang ist ein Spiel."

Achte Übung: Beweismaterial sicherstellen

Karten belegen

Material: 1 Satz Rommee- oder Skatkarten einer Spielfarbe (also z. B. in Karo)
Dauer: je nach Gruppengröße 15–45 Min.
Spielregel: Alle Karten einer Spielfarbe werden auf dem Tisch ausgebereitet. Jede soll mit etwas Spezifischem belegt werden:

König: mit etwas Herrlichem/Männlichem
Dame: mit etwas grammatikalisch Femininem (oder etwas, was einer Frau/einem Mädchen gehört)
Bube: mit einem Kinderspielzeug (oder mit einer Wurzel, die ein Lebewesen darstellt)
10: mit zehn Münzen verschiedener Werte/mit zehn Blüten von verschiedenen Pflanzen
9: mit neun Blättern verschiedener Bäume
8: mit acht Ringen/mit je einer Hand voll Blättern von acht (vorgegebenen) Wildkräutern, z. B. für einen Kräutertee/Zaubertrank
7: mit sieben verschiedenfarbigen Steinen
6: mit sechs verschiedenartigen Kleidungsstücken
5: mit den Unterschriften von fünf Leuten, die nicht zu den Mitspielern gehören
4: mit einem Quartettspiel/einem vierblättrigem Kleeblatt
3: mit drei guten Dingen/mit drei (vorher versteckten) Botschaften
2: mit zweimal zwei Dingen gleichen Namens (Teekesselchen)
Ass: mit etwas Einmaligem

Variante 1: Im Spiel mit einer Gruppe werden die Karten verdeckt gezogen; sind es weniger Teilnehmer als Karten, können bei wenig Zeit die nicht gezogenen unerledigt bleiben.
Variante 2: Im Gruppenwettbewerb mit je einem Kartensatz (einer Spielfarbe) pro Gruppe. Beratungszeit und Beschaffungszeit werden vorgegeben. Für jede in der vorgegebenen Zeit richtig belegte Karte bekommt die Gruppe einen Punkt. Zusatzpunkte werden erteilt für besonders originell belegte Karten oder die vollständige Kenntnis der bei „9“ gefragten Bäume.
Variante 3: Mehrere Paare spielen gegeneinander, die entsprechenden Karten werden verdeckt ausgelost.
Pädagogischer Hinweis:
Beratungszeit und Beschaffungszeit trennen!

Ministerium für
Gesundheitsprävention

Projekt
Drogenfreies Unterland

PROJEKT DROGENFREIES UNTERLAND

Zertifikat

Herr/ Frau

....

hat am Intensivkompaktkurs

„Suchtprävention durch Observation“

mit Erfolg teilgenommen.

Er/Sie ist damit berechtigt, künftig den Titel

„Präventionsobservierer“/
Präventionsobserviererin“

zu tragen
und entsprechend tätig zu werden.

i. A. ....
Beauftragte/r für Gesundheitsprävention

„Kinder brauchen Abenteuer"

Die folgenden Spielanleitungen sind nur ein Ausschnitt aus der wachsenden Auswahl der sog. Kooperativen Abenteuerspiele oder Initiativspiele, wie sie vielfach in der Erlebnispädagogik eingesetzt werden. Zahlreiche dieser Spiele sind bei Gilsdorf/Kistner und Reiners (s. Anhang) beschrieben. Ihr Mechanismus ist einfach: der Gruppe der Spieler wird mittels klarer Regeln und Eingrenzungen eine Aufgabe gestellt. Die Gruppe soll diese Aufgabe gemeinsam lösen. Wie sie das tut, ist ihr freigestellt. Für die meisten dieser Spiele gibt es daher eine Vielzahl von Lösungen, und immer wieder wird auch ein erfahrener Spielleiter von einer kreativen Gruppe mit einer neuen Lösung überrascht werden.

Wichtig: Bei allen Aufgaben bekommt die Gruppe eine Bedenkzeit, bei der sie sich vor der Ausführung eine entsprechende Strategie überlegen kann (bei den hier aufgeführten Spielen sind meist fünf Minuten ausreichend). Damit wird verhindert, dass die Gruppe in der Ausführung einfach drauf losstürzt und sich durch undurchdachte Versuche unnötige Misserfolge einhandelt, die die Spielfreude hemmen. Inwieweit diese Zeit strikt eingehalten wird, liegt im Ermessen des Spielleiters.

Diese Art Spiele bieten sich geradezu dafür an, sie in eine Spielgeschichte einzubinden (wie das geht habe ich in meinem Buch „Zauberstein und Riesenstab" anschaulich beschrieben und will an dieser Stelle darauf verzichten; siehe Anhang).

Die hier beschriebenen Spiele sind ebenfalls durch eine Geschichte verknüpft, welche bei Kindern, Jugendlichen und Erwachsenen gleichermaßen Spannung und Motivation erzeugt: eine archäologische Expedition in eine uralte Pyramide mit einem vorausgehenden Intensivtraining.
Die Spielbeschreibungen selbst sind jedoch mit Absicht allgemein gehalten, um sie leichter in andere Geschichten, Projekte und Situationen einbauen zu können! In kursiver Schrift sind Angaben zur Einbindung in die Spielgeschichte durch den Spielleiter gegeben.

Das Abenteuer: „Die Pyramide der Todespygmäen"

Der Spielleiter erläutert den Teilnehmern zunächst, dass sie die Chance bekommen, auf einer archäologischen Expedition eine noch unbekannte Pyramide zu erforschen. Was (oder wen ...) sie dort finden werden, ist noch völlig unbekannt. Da es aber mit Sicherheit gefährlich wird, sollten alle an einem vorausgehenden Training teilnehmen, damit nachher auch alle gut vorbereitet sind und sie sich auf einander verlassen können. Zu diesem Training hat der Spielleiter einige Übungen vorbereitet, die zunächst durchlaufen werden.

Als erstes sollen Schnelligkeit und Körperbeherrschung unter erschwerten Bedingungen getestet werden.

Kopf hoch!

Material: Pro Mitspieler ein Blatt Schreibpapier
Spielregel: Alle balancieren mit ihrem Blatt Papier auf dem Kopf durch einen gegebenen Parcours hindurch. Dabei darf das Blatt nicht festgehalten werden! Wer sein Blatt verliert, macht drei Kniebeugen und darf dann mit dem Blatt weiterlaufen.
Variante 1: Die Blätter werden mit den Namen der Träger versehen. Jeder darf sein Blatt nicht berühren.
Pädagogischer Hinweis: Dies ist ein schönes Spiel zur Einführung in die Art der Initiativspiele. Falls man zwei Durchgänge plant, sollen die Mitspieler beim ersten Druchgang die Aufgabe spontan und ohne Beratungs- und Bedenkzeit bewältigen.
Eventuell soll die Gruppe vor dem ersten Durchgang abschätzen, wie lange sie brauchen wird, bis alle durch den Parcours hindurch sind. Der Spielleiter stoppt die Zeit (meistens einige Minuten).
Danach bekommt sie fünf Minuten Zeit für die Planung des zweiten Durchgangs. Wieder soll die Gruppe eine zeitliche Einschätzung abgeben, wie lange sie brauchen wird. Das Ergebnis wird überraschen, denn meist liegt die Zeit weit unter dem ersten Versuch und auch unter den dafür abgegebenen Schätzungen. Auf diese Weise wird schnell deutlich, wie erfolgreich die Gruppe sein kann, wenn sie sich vor der Ausführung Zeit zum Überlegen nimmt.

Aus: Andreas Robra: „Zauberstein und Riesenstab. Abenteuer-Rallyes für Kinder, Jugendliche und Erwachsene."

Als Nächstes geht es darum, das Gruppengedächtnis zu prüfen.

Denk-KIM

Material: 2 Tücher (Decke oder Koffer); 10 bis 16 verschiedene, handliche Gegenstände.
Dauer: 10–20 Min.
Teilnehmer-Zahl: 8–14
Spielregel: Die Gegenstände (z. B. Spielzeug, Werkzeuge, Stifte ...) sind zunächst von einem Tuch verdeckt (bzw. im Koffer). Der Spielleiter erläutert zunächst die Aufgabe und lässt ihnen begrenzt Zeit, sich eine Taktik zu überlegen:
Nachdem er die Gegenstände aufgedeckt hat, hat die Gruppe 20 Sekunden Zeit (variabel entsprechend der Gruppe), sich die Dinge zu merken. Nachdem die Gegenstände wieder zugedeckt wurden, hat die Gruppe eine bestimmte Zeit (30–45 Sek., je nach Art der Gruppe), eine vollständige Liste davon anzufertigen.
Pädagogischer Hinweis: Die Aufgabe ist komplexer, als es zunächst den Anschein hat. Denn die Gruppe muss einen Prozess organisieren, der es ihr garantiert, eine ihr vorerst unbekannte Zahl von Gegenständen kurzzeitig erinnern zu können und diese dann in eng begrenzter Zeit auf eine Liste zu bringen.
Hier zeigt sich dem Spielleiter die Fähigkeit der Gruppe, die Tücken der Aufgabe vorauszusehen und Gegenstrategien entwickeln zu können. Die Bedenkzeit vor der eigentlichen Spielzeit sollte unbedingt eingehalten werden.
Variante 1: (nach Ökomemory aus A. Reiners: „Praktische Erlebnispädagogik“) Als „Öko-Denk-KIM“ mit Naturgegenständen wie Früchten, Nüssen, Steinen, Holz, Rindenstücken etc. Hier sollen die Teilnehmer keine Liste der gezeigten Gegenstände anfertigen, sondern versuchen, sie in ca. zehn Minuten in der Umgegend nochmals zu finden und herzubringen. Öko-Denk-KIM sollte unbedingt im Freien gespielt werden! Auch die nachfolgend genannten Varianten lassen sich nach dieser etwas zeitaufwendigeren Regel spielen.
Variante 2: Als „Küchen-Denk-KIM“ mit Tassen, Tellern, Tupper-Schüsseln, Besteck, Topflappen etc.
Variante 3: Als „Seminar-Denk-KIM“ mit Overhead-Folien, Teilnehmer-Listen, Kugelschreibern, Klemmbrettern etc.
Variante 4: Als „Büro-Denk-KIM“ mit Büroklammern, Durchschlagpapier, Bleistiften etc.

Zusammenarbeit und Koordination in der Gruppe sind ebenfalls sehr wichtig für das Gelingen der Forschungsexpedition ...

Drunter und drüber

Material: 20 Gegenstände unterschiedlicher Größe (Bälle, Steine, Zweige ...)
Spielregel: Die Gruppe stellt sich hintereinander in eine Reihe. Der erste Teilnehmer hat die 20 Gegenstände vor sich liegen, und gibt sie nacheinander rückwärts über den Kopf nach hinten, wo sie ebenso weitergegeben werden. Der Letzte gibt sie durch die gegrätschten Beine wieder nach vorne, und der erste Teilnehmer legt sie wieder ab.
Variante 1: Beim ersten Versuch wird die Zeit für einen Umlauf gestoppt. Danach berät die Gruppe, was sie verändern müsste, um schneller zu werden. Vor dem zweiten Versuch soll die Gruppe Tipps abgeben, in welcher Zeit sie es diesmal schaffen wird.
Variante 2: Der Kopf der Schlange gibt die zurückerhaltenen Teile wieder über den Kopf zurück (Endlosspiel).
Variante 3: Bei älteren Teilnehmern (über 15 J.) blind spielen.
Nach: A. Reiners: „Praktische Erlebnispädagogik".

Nun sind Intuition, Erfindungsgabe und Flexibilität gefragt.

Blitzball

Material: Tennisball, Stoppuhr
Spielregel: Die Gruppe stellt sich im Kreis auf. Der erste Teilnehmer wirft den Ball einem anderen Mitspieler zu, der wiederum jemand anderem (der den Ball noch nicht hatte!) usw., bis alle Mitspieler Ballkontakt hatten. Jeder Teilnehmer merkt sich, von wem er den Ball bekommen hat, und wem er ihn weitergeworfen hat. Wenn die Spielfolge klar ist, soll die Gruppe den Ball noch einmal so schnell wie möglich durchspielen. Der Spielleiter stoppt dabei die Zeit. Nun soll jeder einen Tipp abgeben, bis zu welcher Bestzeit die Gruppe sich steigern kann, wenn die Spielfolge beibehalten wird, und der Ball so schnell wie möglich weiter transportiert wird.

Danach soll sich die Gruppe eine Strategie dazu überlegen. Regel: Jeder muss den Ball in irgendeiner Form erhalten und weitergegeben haben. Eine Gruppe, die einige Zeit probiert, wird sich von Anfangszeiten von um die 20 Sekunden bis auf ca. vier Sekunden (je nach Teilnehmer-Zahl) oder – je nach Regelauslegung – bis unter einer Sekunde steigern können.
Nach: R. Gilsdorf/G. Kistner: „Kooperative Abenteuerspiele".

Die Gruppe hat das Training bestanden. Nun muss sie die Pyramide durch bloße Fantasiekräfte selbst materialisieren lassen.

Pyramide

Material: Matte oder weicher Boden
Teilnehmer-Zahl: 10 oder 15
Dauer: 5–10 Min.
Spielregel: Die Gruppe soll aus sich eine Pyramide bauen. Alle Gruppenmitglieder sollen Teil der Pyramide sein.
Variante: Eventuell soll die fertige Pyramide versuchen, sich langsam und vorsichtig fortzubewegen. (Muss vorher angesagt werden.)
Nach: R. Gilsdorf/G. Kistner: „Kooperative Abenteuerspiele".

Kaum ist die Gruppe im Innern der Pyramide angelangt, muss sie erkennen, dass diese bewohnt ist: Die Gruppe wird von einem Stamm wilder Pygmäen angegriffen und verschleppt.
Der Schamane der Pygmäen will die Gruppenmitglieder den Göttern opfern, doch der alte weise Häuptling will ihnen eine letzte Chance geben. Mit einem rituellen Wettkampf tritt die Gruppe gegen den Schamanen und die besten Kämpfer der Pygmäen an – wer allerdings hier die Pygmäen spielt, wird erst am Ende verraten …

Das Ritual des Schamanen

Material: eine Münze, ein Soft- oder Tennisball (oder anderer handlicher Gegenstand)
Teilnehmer-Zahl: 10–30
Dauer: ca. 10 Min.
Spielregel: Die Teilnehmer werden zu Eingeborenen, deren Schamane (der Spielleiter) mit ihnen ein ritualisiertes Wettspiel durchführt:
Die Teilnehmer teilen sich in zwei gleich große Gruppen, die sich in zwei Reihen gegenübersitzen. In der Reihe fassen sich alle an den Händen. Am einen Ende sitzt der Schamane, am anderen haben die beiden letzten Eingeborenen

zwischen sich ein heiliges Idol, einen Kultgegenstand (Ball) liegen.
Nun schließen alle Eingeborenen die Augen, bis auf die, die dem Schamanen am nächsten sitzen. Der Schamane wirft das Markstück (= geweihte Scheibe, die zwei verschiedene Seiten aufweist: die eine zeigt seltsame Runen, auf der anderen ist ein Tier zu sehen). Bleibt die Scheibe mit den Runen nach oben liegen, geschieht nichts. Ist jedoch das Tier zu sehen, so gilt dies als Zeichen, dass der Kultgegenstand ergriffen werden soll. Die sehenden Eingeborenen leiten das Zeichen per Händedruck in ihrer Reihe weiter, bis es den Letzten erreicht. Dieser ergreift sofort den Kultgegenstand. Wer den Gegenstand als erstes ergreift, hat für seine Gruppe einen Punkt erreicht. Wird der Energiefluss versehentlich bei „Runen" ausgelöst, erhält die gegnerische Mannschaft einen Punkt. Diejenige Gruppe ist Sieger, welche als erste eine zuvor festgelegte Punktzahl erreicht. Das sind dann in der Spielhandlung immer die Pygmäen.
Pädagogischer Hinweis: Ein sehr spannendes Spiel, was auch bei sehr wilden Gruppen für Ruhe und Konzentration sorgen kann.
Nach Rüdiger Gilsdorf/Günter Kistner: „Kooperative Abenteuerspiele".

Leider hat die Gruppe verloren. So ein Pech!
Die Gruppenmitglieder werden mit einem langen Seil umschlungen und als Pulk gefesselt in einen Käfig gesperrt. Die Wache, die den Käfig umkreist, ist bei ihrem Rundgang immer für eine Minute verdeckt, so dass die Gruppe kurz unbeaufsichtigt ist. Falls es ihr gelingt, während dieser einen Minute gefesselt den komplizierten Öffnungsmechanismus des Käfigs zu betätigen, öffnet sich der Käfig, sie könnte hinaus und mit dem abgestellten Hackbeil des Wächters ihre Fesseln durchtrennen und fliehen. Der Käfig öffnet sich, wenn die Gruppe (in der vorgegebenen Zeit!) an den vier Ecken des Raumes vier Becher (besser vier Sanduhren), die dort auf Stühlen stehen, umdrehen.

Gefangen!

Mit Seil verschnürte Gruppe soll best. Strecke zurücklegen
Material: Langes Seil, ca. 30 m, am besten eine elastische „Zauberschnur"
Dauer: bis 10 Min
Teilnehmer-Zahl: 10–14
Spielregel: Die Gruppe wird, eng zusammengestellt, mit dem Seil fest verschnürt. Nun soll sie möglichst schnell eine bestimmte Strecke zurücklegen.
Variante: Alle bis auf einen Mitspieler sind blind.
Pädagogischer Hinweis: Auf dieses Spiel sollte bei einer sehr undisziplinierten Gruppe lieber verzichtet werden, da die Verletzungsgefahr, falls die Gruppe zu Fall kommt, zu groß ist.
Nach „Zusammengeschnürt" aus A. Reiners: „Praktische Erlebnispädagogik".

Die Flucht bleibt den Pygmäen nicht lange unbemerkt, und während die Gruppe durch die engen, verwinkelten, düsteren Gänge der Pyramide eilt, ist von weitem schon das wütende Geheul der Zwergmenschen zu hören.
Zu allem Übel steht die Gruppe mit einem Mal auch noch vor einem schrecklich tiefen Abgrund. Ganz unten ist ein grünliches Wabern zu erkennen, sonst ist da nur bodenlose Tiefe. Zurück können sie nicht mehr ...

Rinderhäute und Orakel

Material: Klebeband, 2 oder 3 Blatt Zeitungspapier, Stoppuhr oder Wecker
Spielregel: Der Spielleiter markiert mit Klebeband die Ränder einer unergründlich tiefen, ca. 10 m breiten (auf jeden Fall breiter, als dass man mit zwei Zwischenhopsern hinüberspringen könnte) Schlucht.
Die Gruppe steht an dem einen Rand. Dort befindet sich auch das Standbild des Magischen Orakels (= Spielleiter), das alle an es gestellten Fragen mit „Ja" oder „Nein" oder mit Schweigen zu beantworten in der Lage ist sowie zwei Rinderhäute (= zwei Blätter Zeitungspapier). Die Gruppe will unbedingt hinüber, da sie in kurzer Zeit (je nach Gruppe acht bis zwölf Minuten, Zeit muss von dem Spielleiter angesagt werden) von einer Hundertschaft wilder Pygmäen angegriffen wird. Bis dahin hat die Gruppe Zeit, sich eine Überquerungsmöglichkeit zu überlegen und sie auszuführen, ohne dass die Pygmäen der Gruppe folgen kann. Das Magische Orakel weiß, dass die Rinderhäute verzaubert sind, und deshalb in der Lage ist, alle auf ihnen stehenden Personen und alle Personen, die mit diesen in Körperkontakt stehen, über den Abgrund zu tragen. Wird eine Haut in Teile zerrissen, erlischt deren magische Fähigkeit.
Diejenigen Personen, die sich gerade über der Schlucht befinden, müssen wieder an das ursprüngliche Ufer zurück, wenn

- der Körperkontakt innerhalb einer Gruppe reißt oder
- die über dem Abgrund schwebende Gruppe (oder mittelbar ein Teil von ihr) den Kontakt zu der sie tragenden Rinderhaut verliert.

Die Gruppe (oder der kontaktlose Teil) stürzt zwar (fürs menschliche Auge nicht sichtbar) in die Tiefe, wird aber kurz vor dem Aufprall auf wundersame Weise wieder auf den ursprünglichen Rand der Schlucht „zurückgebeamt".
Variante 1: Der Gruppe ist nicht bekannt, wann sie von den Pygmäen eingeholt werden, der Spielleiter hat für sich die Zeit jedoch festgelegt.
Variante 2: Das Magische Orakel beantwortet nur drei Fragen mit Ja oder Nein, danach schweigt es. Den Mitgliedern ist dies bekannt.
Pädagogischer Hinweis: Bei Gruppen, die entweder sehr groß sind oder es zu erwarten ist, dass sie Fragen stellen, ohne sich gegenseitig abzusprechen, ist es sinnvoll, dass das Orakel nur Fragen von *einem* Spieler der Gruppe entgegennimmt. Es sei denn, es soll gerade dieses Problem herausgearbeitet werden!
Aus: Andreas Robra: „Zauberstein und Riesenstab. Abenteuer-Rallyes für Kinder, Jugendliche und Erwachsene".

Nachdem es der Gruppe gerade noch gelang, die Pygmäen – zumindest vorläufig – abzuschütteln, müssen sie nun einen unterirdischen Fluss mittels der magischen Spiegelbrücke überqueren.
Die Spiegelbrücke befindet sich übrigens in einem so genannten „Zeitauge", d. h. die Zeit steht solange still, bis die Gruppe die für sie schnellste Möglichkeit gefunden hat, die Brücke zu überqueren.

Die Spiegelbrücke

Material: Turnbank oder Baumstamm
Spielregel: Die Gruppe teilt sich in zwei gleich große Halbgruppen, die sich rechts und links von der Mitte der Turnbank auf diese stellen. Die beiden Kleingruppen sollen die Plätze miteinander tauschen und zwar so, dass derjenige, der ganz rechts stand, dann ganz links steht, der zweite von rechts tauscht mit dem zweiten von links usw.
Fällt jemand von der Bank, bzw. berührt den Boden, muss die Gruppe wieder die Ausgangsstellung einnehmen und von vorne beginnen.
Variante: Die Gruppe soll vorher eine Einschätzung abgeben, wie lange sie wohl brauchen wird.
Nach: R. Gilsdorf/G. Kistner: „Kooperative Abenteuerspiele".

Schließlich gelangt die Gruppe in das Zentrum der Pyramide. Dort befinden sich die kreisförmigen Dimensionenwandler: die einzige Möglichkeit für die Gruppe, die Pyramide lebend wieder zu verlassen …

Der Kreis der Dimensionen

Material: 2–3 Gymnastikreifen
Teilnehmer-Zahl: 8–15
Dauer: 5–10 Min.
Spielregel: Der Spielleiter legt die Reifen auf den Boden. Die Gruppe soll sich vollständig in die Reifen stellen, so dass
1. jeder Teilnehmer höchstens mit einem Fuß den Erdboden berührt und
2. kein Teilnehmer den Boden außerhalb der Reifen berührt.

Steht die Gruppe, sagt sie laut: „1 – 2 – 3 – Energie!"
Doch ist die Energiezufuhr offenbar für zwei (bzw. drei) zugleich betriebene Dimensionenwandler zu schwach; schließlich ist die Maschine bereits mehrere tausend Jahre alt.
Deshalb muss die Gruppe versuchen, mit nur einem Dimensionenwandler die Pyramide zu verlassen.
Der Spielleiter nimmt die Reifen bis auf einen fort. Die Teilnehmer werden be-

fragt, was sie schätzen, wie viele Personen im Reifen bei gleicher Aufgabenstellung wie oben Platz finden werden. Dann wird es ausprobiert.

Nach: R. Gilsdorf/ G. Kistner: „Kooperative Abenteuerspiele“.

Oh Wunder: mit einem Mal ist die Gruppe wieder an ihrem Ausgangsort …

Das Spiel mit den Sinnen

„Ganzheitlichkeit" ist eine der zentralen Forderungen moderner Suchtprävention. Sie spricht den ganzen Menschen an mit all seinen Fähigkeiten, die er braucht, um sein Leben befriedigend meistern zu können, ohne chemische Substanzen oder andere Dinge im falschen Maß für sein Wohlbefinden zu benötigen.

Dabei spielen die menschlichen Sinne und ihre Übung eine wichtige Rolle und zwar aus mehreren Gründen:

- *Um ein aktives selbstbestimmtes Leben führen zu können, sind wir auf funktionierende und leistungsfähige Sinne angewiesen.*
- *Erhöhte und veränderte Sinnesreize und -erfahrungen machen einen Teil des „Kicks" aus, den Drogen produzieren. Doch auch ohne unsere Wahrnehmung zu manipulieren, lassen sich mit unseren Sinnen wunderbare Dinge erfahren.*
- *In der Behandlung Suchtkranker machen Therapeuten die Erfahrung, dass ihre Patienten die Welt nur noch sehr eingeschränkt wahrnehmen können. Das Grün einer Wiese, das Zwitschern der Vögel, der Duft einer Blume oder die Haut eines geliebten Menschen – all diese Sinneseindrücke sind praktisch weg und müssen erst wieder entdeckt und -erworben werden. Dazu muss die Verwendung der Sinnesorgane neu geschult, die Wahrnehmung über alle Sinne neu gelernt werden.*

Wenn sie nicht hören, reden, fühlen, noch sehn, was tun sie dann? Sie spielen.

Lichtwer, Fabeln, Die seltsamen Menschen

Eine Möglichkeit dazu ist ein „Sinnesgarten", ein „Markt der Sinne", ein „Sinnesparcours". Hier sind durch verschiedene Vorrichtungen die Möglichkeiten versammelt, nacheinander einen oder mehrere Sinne anzusprechen und spielerisch zu testen, zu üben und die Wahrnehmungsfähigkeit durch die Übung zu steigern. Fühlkästen, Kaleidoskope, Klanggeräte, Riechhölzer usw. sind nur einige solcher Geräte, die in einem Sinnesgarten zu finden sind. Sein spielpädagogischer Vorteil ist, dass die einzelnen Übungen meist selbsterklärend sind und er ohne personalintensive Anleitung auch größere Menschenmengen verkraften kann.

Sein Nachteil ist der große Aufwand, der zuvor getrieben werden muss, bis der Parcours steht. Einen Sinnesgarten baut man nicht eben mal schnell auf, um mit einer Kindergartengruppe oder einer Schulklasse zu entdecken, wie gut die Kinder sehen, tasten, horchen, riechen, schmecken usw. können. In den letzten Jahren sind viele solcher Sinnesgärten entstanden, angeregt jedoch eher aus ökopädagogischer Absicht als mit suchtvorbeugender Zielsetzung. Inzwischen ist bei fast jeder Bundes- und Landesgartenschau ein solcher Sinnesgarten installiert.

Einer der ersten größeren Sinnesgärten, die speziell zur Suchtvorbeugung konzipiert und gebaut wurden, war als Marktplatz der Sinne in die Wanderausstellung „Die Seele braucht Zeit, sonst schrumpft sie" der Beauftragten für Suchtprophylaxe in Baden-Württemberg integriert. Sie war 1996 und 1997 in vielen Städten Baden-Württembergs zu sehen und zu begehen. Ihre Premiere hatte auch sie bei einer Landesgartenschau, welche 1996 in Böblingen stattfand.

(Dass Naturerziehung und Suchtprävention hier dieselbe Methode verwenden, ist nicht weiter verwunderlich, denn in diesem Fall haben sie im Grunde genommen auch die gleichen Ziele. Beiden geht es um die Erfahrung, dass das Leben und alles Lebendige schön ist, schön, liebens- und schützenswert! Während die Ökopädagogik jedoch eher die Außenwelt, das Lebendige als Gegenstand ihrer Bemühungen hat, ist es in der Suchtvorbeugung der Mensch, das Lebendig-sein selbst, das als wunderbar, als gut so wie es ist, erfahren werden soll.)

Für den suchtpräventiven Alltagsbedarf stehen solche Möglichkeiten nur selten zur Verfügung. Hier sind kleinere Equipments gefragt.

Die Verwendung von KIM-Spielen wären eine solche bescheidenere Möglichkeit, die Sinne zu schulen, die auch spontan und ohne größeren Materialaufwand zu bewerkstelligen ist. Hajo Bückens Buch „Kimspiele. Spiele zum Sehen, Schmecken, Riechen, Tasten, Hören und Denken" ist hierfür ein Buch voller Anregungen und kann als Standardwerk für das Spiel mit den Sinnen empfohlen werden.

Doch um welche Sinne geht es dabei eigentlich?

Die Aufteilung unserer Wahrnehmung in fünf Sinne stammt schon von den Griechen: sehen, tasten, schmecken, hören und riechen.

Das Wärmegefühl wird als weiterer Wahrnehmungssinn betrachtet, hinzu können noch der Gleichgewichtssinn und der Orientierungssinn gerechnet werden. Wer noch weiter gehen will, mag auch noch das Zeitgefühl hinzuzählen, nicht zu vergessen wäre auch die sog. „außersinnliche Wahrnehmung".

Auf der Suche nach weiteren Sinnen gehört der Sinn des Lebens (für die Suchtvorbeugung von besonderer Bedeutung!) ebenso dazu wie der Un-Sinn. Fallen Ihnen noch mehr sinn-volle Worte ein?
Schon haben auch Sie mit den Sinnen gespielt und dazu wahrscheinlich Ihren Denk-Sinn benutzt.
Als Einführung in einen praktischeren Umgang mit unseren Sinnen kann der im Folgenden beschriebene Kleine Sinnesgarten dienen. Er wurde zum Einsatz bei Fortbildungen mit Erwachsenen zusammengestellt, kann aber genauso mit Schülerinnen und Schülern gespielt werden. Er ist mit nur wenig Aufwand zusammengestellt und aufgebaut, kann von einer Person betreut werden und macht den Teilnehmern viel Spaß.
Wer es abenteuerlicher liebt, greift vielleicht lieber zum Grabmal des Grauens, einer Spielaktion für Gruppen mit bis zu 15 Teilnehmern (im Anschluss an die Beschreibung des Sinnesgartens).

Der Kleine Sinnesgarten

Alle Mitspieler spielen zugleich an verschiedenen Stationen und sollen dabei einen Fragebogen ausfüllen: Es gibt acht Stationen mit den Themen: Station 1, Erinnern; Station 2, Schmecken; Station 3, Riechen; Station 4, Sehen; Station 5, Tasten; Station 6, Hören; Station 7, Außersinnliche Wahrnehmung; Station 8, Koordination, Feinmotorik.

Material:
Sie brauchen:

- für Station 1: eine Schachtel mit zehn kleinen Gegenständen (z. B. Überraschungsei-Figur, Münze, Luftballon, etc.)
- für Station 2: drei Becher mit Deckel (gibt es in gewissen Schnellrestaurants) und drei verschiedenen Säften, pro Teilnehmer einen Strohhalm
- für Station 3: drei Schraubgläser, darin ein mit Duftöl getränkter Wattebausch
- für Station 4: zehn A5-Briefumschläge, in die Sie beidseitig (A- und B-Seite) ca. 5-Mark-Stück große Löcher geschnitten haben und in die Sie Fotos (z. B. aus Illustrierten) mit interessanten Motiven stecken
- für Station 5: ein Handtuch, unter das Sie zehn verschiedene plastische Gegenstände legen (z. B. Wein- und Sektkorken, Armreif, Bleistift, Kugelschreiber etc.)
- für Station 6: zehn Filmdöschen, die Sie unterschiedlich füllen, z. B. mit Zucker, Grieß, Sesam, Reis, Erbsen etc. Als Gag füllen Sie immer zwei Döschen mit demselben Material.
- für Station 7: die vier Könige aus einem Kartenspiel
- für Station 8: ein bis zwei Flaschen mit engem Hals, pro Flasche eine Schachtel Streichhölzer
- acht Schilder, die Sie nummerieren mit „Station 1“ bis „Station 8“
- pro Teilnehmer einen Personenbogen (s. Kopiervorlage auf den nächsten Seiten) und einen Stift zum Ausfüllen

Personenbogen für den „Kleinen Sinnesgarten"

Verteilt euch bitte an die verschiedenen Stationen, löst die dazu gehörigen Aufgaben und notiert euer Ergebnis auf diesem Bogen! Besucht alle Stationen in beliebiger Reihenfolge, und nehmt wieder Platz, wenn ihr fertig seid.

Station 1: **Erinnern**

Erinnern: Der Meister wird euch kurz zehn Gegenstände zeigen. Während ihr kurz die Augen schließt, wird er einen entfernen. Wisst ihr noch, welchen?
Notiert euer Ergebnis.

Gegenstand:..

Station 2: **Schmecken**

Probiert mit einem Strohhalm aus den verschlossenen Bechern verschiedene Säfte! Tragt den Namen des Saftes unter der entsprechenden Nummer auf eurem Bogen ein.

Becher Nr. 1: .... Becher Nr. 2: ....

Becher Nr. 3: ....

Station 3: **Riechen**

Riecht in die Gläser hinein. Welche Nummer hat welchen Duft? Bitte unten eintragen!

Glas Nr. 1: .... Glas Nr. 2: ....

Glas Nr. 3: ....

Station 4: **Sehen**

Sehen: Was ist auf den in den Briefumschlägen verborgenen Bildern tatsächlich drauf? (Achten Sie auf Vor- und Rückseite!) Notiert eure Ergebnisse bei der entsprechenden Nummer!

Umschlag Nr. 1 A: .... Umschlag Nr. 1 B:.................................

Umschlag Nr. 2 A: .... Umschlag Nr. 2 B:.................................

Umschlag Nr. 3 A: .... Umschlag Nr. 3 B:.................................

Umschlag Nr. 4 A: .... Umschlag Nr. 4 B:.................................

Umschlag Nr. 5 A: .... Umschlag Nr. 5 B:.................................

Umschlag Nr. 6 A: .... Umschlag Nr. 6 B:.................................

Umschlag Nr. 7 A: .... Umschlag Nr. 7 B:..................................

Umschlag Nr. 8 A: .... Umschlag Nr. 8 B:..................................

Umschlag Nr. 9 A: .... Umschlag Nr. 9 B:..................................

Umschlag Nr. 10 A: .... Umschlag Nr. 10 B:................................

Station 5: **Tasten**

Versucht, die unter der Decke verborgenen Gegenstände nur durch Tasten zu erraten. Breitet das Tuch danach bitte wieder für den nächsten über den Gegenständen aus.
Welche Gegenstände habt ihr ertastet? Notiert hier ....

....

....

Station 6: **Hören**

Hören: In den Filmdöschen befinden sich verschiedene Substanzen. Versucht, nur durch Schütteln und Hören herauszubekommen, um was es sich dabei handelt. Achtung: Bitte nicht die Döschen öffnen!
Tragt das Ergebnis auf eurem Bogen ein.

Dose Nr. 1:.. Dose Nr. 2: ....

Dose Nr. 3:.. Dose Nr. 4: ....

Dose Nr. 5:... Dose Nr. 6: ....

Dose Nr. 7:.. Dose Nr. 8: ....

Dose Nr. 9:.. Dose Nr. 10: ....

Station 7: **Außersinnliche Wahrnehmung**

Könnt ihr von vier verdeckten Spielkarten den Herz-König herausfinden? Notiert das Ergebnis.

König entdeckt? Ja ☐ Nein ☐

Station 8: **Koordination, Feinmotorik**

Versucht, möglichst alle Hölzchen einer Streichholzschachtel paarweise auf einen Flaschenhals zu schichten. Wieviele Hölzchen habt ihr geschafft? Tragt euer Ergebnis hier ein: ....
Legt anschließend die Hölzchen bitte wieder in die Schachtel.

Das Grabmal des Grauens ist ein Gruppenabenteuer für acht bis 15 Mitspielerinnen und Mitspieler. Sie als Spielleiter schlüpfen dazu in die Rolle des Schattens, der die Mitspieler, Ihre Gefährten auf dem Weg durch das Labyrinth, durch das Grabmal des Grauens hindurchleitet.
Was Sie ihnen mitteilen müssen, um das Abenteuer in Schwung zu bringen, ist angegeben.
Thema des Abenteuers sind die Sinne. In jeder Kammer des Grabmals wird von den Abenteurern die besondere Betätigung eines von neun Sinnen gefordert, vom Sehen bis zur „außersinnlichen Wahrnehmung".
Die Grundlage des Abenteuers bietet die Gattung der Wahrnehmungs- oder „KIM-Spiele", Spiele mit den Sinnen also. Um es Ihnen zu erleichtern, die beschriebenen Spiele auch in anderem Zusammenhang zu benutzen, sind sie in einer allgemeinen Form beschrieben, teilweise mit Varianten, die für das Grabmal nicht in Frage kommen. Mehr Anregungen finden Sie u. a. in den Büchern: Hajo Bücken: „KIMSPIELE. Spiele zum Sehen, Schmecken, Riechen, Tasten, Hören und Denken." Ulrich Baer: „666 Spiele." Andreas Robra: „Zauberstein und Riesenstab. Abenteuer-Rallyes für Kinder, Jugendliche und Erwachsene."

Notwendiges Material: Tageslichtprojektor, Folie, Kartonschablone, evtl. düstere Musik. Als DER SCHATTEN können Sie sich schnell noch in einen dunklen Umhang hüllen. Die weiteren Materialien sind bei den einzelnen Kammern genannt.

Spiel für die Sinne: Das Grabmal des Grauens

Ein Abenteuer für 8 bis 15 Unerschrockene, die noch ihre neun Sinne beieinander haben.

Vor dem Tor

Material: Folie mit Tor (Kopiervorlage S. 184/185), Tageslichtprojektor

Spielleiter: Was immer euch hergeführt hat, nun steht ihr vor einem gewaltigen Holztor, das augenscheinlich keinerlei Klinke, Riegel oder Schloss besitzt. Dennoch zieht euch eine unbekannte Kraft an, das Tor zu öffnen und zu erforschen, was sich wohl dahinter verbergen mag. Wer von euch findet den Weg, das Tor zu öffnen?
(Links der dritte Stein von unten ist etwas dunkler gefärbt als die anderen Steine des Torbogens. Wenn jemand auf ihn drückt, öffnet sich das Tor.)

Für alle Kammern

Material: Folie mit Grabmal und Schablone, Tageslichtprojektor. Mit der Schablone, in die Sie ein Loch in Größe einer Kammer geschnitten haben, decken Sie die anderen Kammern, die gerade nicht behandelt werden, zu. Nur für diese Kammer: mind. zehn verschiedene Gegenstände, Decke

Erste Kammer

Spielleiter: „Kaum seid ihr alle durch das Tor hindurchgetreten, schließt es sich mit Donnergetöse und lässt euch in einem stickigen Gewölbe zurück. Langsam gewöhnen sich eure Augen an ein trübes Dämmerlicht, das aus den Mauersteinen selbst zu dringen scheint.
Dort, wo gerade noch das Tor war, sind nur noch felsige Mauersteine zu sehen.
Zwei der Wände allerdings scheinen aus Holz zu bestehen, doch keine Fuge und kein Spalt sind zu erkennen.
Während ihr euch noch umschaut, entdeckt ihr plötzlich eine barbarische Zeichnung, die von Wesen, die wohl nichts Menschliches an sich hatten, mit grober Klaue in den Fels geritzt wurde: ein wahnsinniges Auge. (Folie! Schablone!)
„Und aus dem Auge heraus wirbelt sich plötzlich eine furchtbare schwarze Gestalt: Der Schatten!“

Sie verwandeln sich blitzartig in den Schatten.
Der Schatten: „Ihr habt das Grabmal des Grauens betreten. Wie schon so viele vor euch. Und wie schon viele vor euch werdet auch ihr es nicht wieder verlassen. Denn kein Sterblicher hat je das Labyrinth und seine unmenschlichen Prüfungen überwunden. Ich bin es, der euch die Aufgaben stellen wird, ich, der Schatten!“

Das Spiel: Seh-KIM

Material: ca. 10 verschiedene Gegenstände, kleiner Koffer oder Tuch
Spielregel: Die Gegenstände werden in den Koffer oder unter das Tuch gelegt. Der Spielleiter öffnet nun für kurze Zeit (10–15 Sek.) den Koffer oder lüftet das Tuch, so dass die Gegenstände gut zu sehen sind. Die Mitspieler sollen anschließend versuchen, sich an so viele Gegenstände wie möglich zu erinnern.
Variante 1: Blitz-KIM: Sechs Gegenstände werden für drei Sekunden gezeigt.
Variante 2: Als „Büro-KIM" mit Büroklammern, Durchschlagpapier, Bleistiften etc.
Variante 3: Als „Küchen-KIM" mit Tassen, Tellern, Tupper-Schüsseln, Besteck, Topflappen etc.
Variante 4: Als „Seminar-KIM" mit Overhead-Folien, Teilnehmer-Listen, Kugelschreibern, Klemmbrettern etc.
Variante 5: Als „Öko-KIM" mit Tannenzapfen, Blätter bestimmter Pflanzen, Steinen, Bucheckern etc.
Pädagogischer Hinweis: Öko-KIM sollte unbedingt im Freien gespielt werden!
Variante 6: Zimmer-KIM: Ein Mitspieler verlässt den Raum, die anderen verändern etwas Auffälliges. Der Mitspieler muss innerhalb einer Minute erraten, was es ist.
Variante 7: Kooperationsspiel: Die Gegenstände sind zunächst von einem Tuch verdeckt (bzw. im Koffer). Der Spielleiter erläutert zunächst die Aufgabe und lässt ihnen begrenzt Zeit, sich eine Taktik zu überlegen: Nachdem er die Gegenstände aufgedeckt hat, hat die Gruppe 20 Sekunden Zeit (variabel entsprechend der Gruppe), sich die Dinge zu merken. Nachdem die Gegenstände wieder zugedeckt wurden, hat die Gruppe eine bestimmte Zeit, diese in der Umgegend nochmals zu finden und herzubringen.

Der Schatten: „Kaum habt ihr die Aufgabe gelöst, öffnet sich mit grässlichem Knirschen eine der Holzwände, und aus dem Auge quillt stinkender Qualm, der euch in die nächste Kammer hinübertreibt. Hinter euch schließt sich die Wand wieder, und ihr hässliches Schaben lässt euch die Haare kräuseln …"

Zweite Kammer
Material: verschiedene Speisen, die mit A, B, C, etc. beginnen
Die Speisen sind zunächst verdeckt.
Der Schatten: „Wieder seht ihr eine Zeichnung auf dem Boden. Und diesmal ist euer Mund gefordert. Schließt nun die Augen. Alle! Ihr bekommt nun etwas zu essen. Die Anfangsbuchstaben dieser Dinge ergeben eine Zahl. Könnt ihr sie auf mein Kommando gleichzeitig mit den Füßen auf den Boden stampfen, so habt ihr diese Aufgabe gelöst."

Das Spiel: Wörter-Schmeckrätsel

Material: verschiedene Speisen und Getränke (s. u.), Teller, Löffel, Becher, Strohhalme, evtl. Augenbinden.
Teilnehmer-Zahl: 3–10
Dauer: je nach Teilnehmerzahl bis 20 Min.
Spielregel: Die Mitspieler sollen mit geschlossenen Augen die vorbereiteten Speisen/Getränke am Geschmack erkennen und dann aus den jeweiligen Anfangsbuchstaben ein zu erratendes Lösungswort bilden (z. B. Namen von Teilnehmern, Zahlen (Zimmernummern, die aufgesucht werden müssen), Gegenstände (die gefunden werden müssen).

Um passende Wörter bilden zu können, hier ein „Geschmacks-ABC“:
A pfel, Avocado, Ananas, Aprikose, Aubergine, Artischocke, Anis
B irne, Bier, Brot, Broccoli, Banane, Basilikum, Brezel, Brombeeren, Butter, Bohnen, Bohnenkraut
C amembert, Champignon, Curry
D atteln, Dill
E rdbeeren, Eier, Estragon, Eis, Erbsen
F eigen, Forellen, Fenchel
G urken, Grapefruit
H olunderbeeren, Himbeeren, Honig, Heidelbeeren, Hagebutten, Haselnüsse
I ngwer
J oghurt, Johannisbeeren
K ardamom, Kaviar, Koriander, Knoblauch, Kiwi, Kartoffeln, Kirschen, Kürbis, Kaffee, Ketchup
L achs, Lauch, Liebstöckel
M ozzarella, Maroni, Meerrettich, Möhren, Mohrenkopf, Milch, Mandeln, Mango, Mirabellen, Mayonäse
N ougat, Nudeln
O chsenschwanzsuppe, Oblaten
P orree, Preiselbeeren, Paprika, Pflaumen, Pizza, Pfirsich, Papaya, Pfefferminztee
Q uark, Quitten
R eis, Rettich, Radieschen, Remoulade, Rhabarber, Rosinen, Rosmarin
S enf, Sojasauce, Semmel, Sellerie, Sherry, Schnittlauch, Schinken, Schmalz, Spargel, Schokolade, Schafskäse, Salzstangen, Spagetti, Schlehen
T omaten, Topinambur
U ngarisches Gulasch
V anille(zucker)
W assermelone
X elz (nur von Schwaben zu erraten!)
Y sop, Yamswurz
Z ucker, Zimt, Zucchini, Zwiebeln, Zitronen, Zwetschgen, Zwieback, Zitronenmelisse, Ziegenkäse

Variante 1: als „Wörter-Riechrätsel"
Variante 2: nur mit Kräutern; nur mit Käsesorten (von Appenzeller bis Ziegenkäse)
Pädagogischer Hinweis: Einige Früchte lassen sich außerhalb der Saison auch als Saft oder Marmelade erschmecken.
Vorsicht bei Synonymen und landschaftlich unterschiedlichen Bezeichnungen wie Lauch/Porree; Maroni/Esskastanien, Brötchen/Semmeln/Weckle/Schrippen ...

Der Schatten: „Kaum habt ihr die Aufgabe gelöst, öffnet sich mit grässlichem Knirschen eine der Holzwände, und aus dem Mund quillt stinkender Qualm, der euch in die nächste Kammer hinübertreibt. Hinter euch schließt sich die Wand wieder, und ihr hässliches Schaben lässt euch die Haare kräuseln ..."

Dritte Kammer
Material: Säckchen mit verschiedenen Gegenständen zum Tasten, einige mehr als Mitspieler
Der Schatten: „Mitten in den Raum ragt ein gewaltiger steinerner Finger. Und auch ihr werdet nun eure Finger gebrauchen müssen ..."

Das Spiel: Tast-KIM

Material: Undurchsichtiger Beutel, 8–10 verschiedene (nicht scharfkantige) Gegenstände
Spielregel: Ein Mitspieler greift in den Beutel mit geschlossenen Augen bzw. ohne hineinzusehen hinein und soll die erfühlten Gegenstände benennen.
Variante 1: Mitspieler soll nur bestimmten Gegenstand aus dem Beutel hervorholen.
Variante 2: (für Väter und Kinder): Gespielt wird mit zwei Beuteln. Davon ist einer gefüllt mit Küchenutensilien (für Väter), der andere mit Spielsachen oder Schulutensilien (für Kinder). In beiden sollen sich die gleiche Anzahl von Gegenständen befinden.

Variante 3: Gegenstände sind unter einer Decke verborgen und sollen durch diese hindurch ertastet werden.
Der Schatten: „Kaum habt ihr die Aufgabe gelöst, öffnet sich mit grässlichem Knirschen eine der Holzwände, der Finger stößt stinkenden Qualm aus, der euch in die nächste Kammer hinübertreibt. Hinter euch schließt sich die Wand wieder, und ihr hässliches Schaben lässt euch die Haare kräuseln …"

Vierte Kammer
Material: –
Der Schatten: „In dieser Kammer brennt ein Feuer mit bläulicher Flamme. Darüber hängt ein Eiszapfen und tropft einsame Tropfen in die Flammen. Doch das Eis schmilzt nicht in der Hitze des Feuers, und das Feuer verlöscht nicht unter den Wassertropfen. Denn hier weht der Wind des Todes.
Wird es euch gelingen, seinem eisigen Hauch zu entgehen?"

Das Spiel: Wind im Wald – Durchpusten

Jemand geht durch ein Labyrinth, wird bei Hindernis angepustet.

Material: evtl. Nacht- oder Waldgeräusche
Dauer: unter 10 Min.
Spielregel: Die Gruppe steht dicht gedrängt, einer soll quer durch diesen „Wald" mit geschlossenen Augen hindurchfinden, ohne gegen die Bäume zu stoßen. Ein hilfreicher Wind weht durch den Wald. Kommt der einsame nächtliche Wanderer einem Baum zu nahe, spürt er den Wind, der durch die Blätter rauscht (er wird angepustet und weiß dann, dass dort ein Hindernis ist). Aufpassen: Unbedingt ganz langsam gehen und sich auf jeden Windhauch konzentrieren.
Aus: Ulrich Baer: „666 Spiele". Kallmeyersche Verlagsbuchhandlung, Seelze

Der Schatten: „Kaum habt ihr die Aufgabe gelöst, öffnet sich mit grässlichem Knirschen eine der Holzwände, und aus dem Feuer quillt stinkender Qualm, der euch in die nächste Kammer hinübertreibt. Hinter euch schließt sich die Wand wieder, und ihr hässliches Schaben lässt euch die Haare kräuseln …"

Fünfte Kammer
Material: –
Der Schatten: „Aus der Mitte der Kammer heraus erhebt sich ein gewaltiges Riechorgan, dessen Besitzer nicht von dieser Welt ist (das kann ich euch ganz im Vertrauen versichern).
Ob ihr eine ebenso gute Nase habt, werden wir gleich sehen."

Das Spiel: Geruchs-KIM

Material: Fläschchen mit Duftölen, Tee, Kräutern, Erde, Seife etc, evtl. Augenbinden, als Gefäße z. B. ausgebrannte Alu-Teelichter oder Babykost-Gläschen (wiederverschließbar)
Teilnehmer-Zahl: 2–15
Dauer: je nach Anzahl der Duftstoffe und Teilnehmer 5–30 Min.
Spielregel: Der Reihe nach riechen alle Teilnehmer an den vorbereiteten Düften und raten, was es ist.
Pädagogischer Hinweis: Es sollte unbedingt nur Wohlriechendes verwendet werden, um Mitspieler, die solche mit verbundenen Augen durchgeführten Vertrauensexperimente möglicherweise zum ersten Mal machen, nicht vor weiteren Experimenten abzuschrecken.
Variante 1: Wenn man den Teilnehmern das „blinde" Herangehen ersparen will, kann man die Gerüche auf postkartengroße Karteikarten in die Mitte eines ca. 5 cm großen Kreises präparieren. (Mit Duftölen ist dies leicht möglich, ebenso mit Gewürzen und Kräutern. Da diese manchmal abfärben, kann man die Kreise mit Buntstiften einfärben, um ein Erkennen zu erschweren.) Die Karten werden mit Buchstaben oder Kennnummern markiert, so dass richtiges Riechen (evtl. mittels eines Kontrollbogens) überprüft werden kann.

Der Schatten: „Kaum habt ihr die Aufgabe gelöst, öffnet sich mit grässlichem Knirschen eine der Holzwände, und aus den Nasenlöchern quillt stinkender Qualm, der euch in die nächste Kammer hinübertreibt. Hinter euch schließt sich die Wand wieder, und ihr hässliches Schaben lässt euch die Haare kräuseln …"

Sechste Kammer
Material: –
Der Schatten: „Am Boden windet sich eine Zeichnung, die in ihrer obszönen Klarheit kaum zu ertragen ist.
Ob ihr bessere Ohren habt, wird sich gleich herausstellen. Drei Freiwillige dürfen den Rest der Gruppe durch ihr Gehör retten. Wählt sie aus!"

Das Spiel: Blinder Schatzwächter

Material: Augenbinde, Gegenstand („Schatz")
Teilnehmer-Zahl: ab 3
Dauer: 5–10 Min.
Spielregel: Ein Mitspieler wird zum Blinden Schatzwächter ernannt und bekommt die Augen verbunden. Er setzt sich auf den Boden und legt den „Schatz" vor sich hin. Die anderen sollen sich aus drei bis fünf Metern Entfernung aus allen Seiten her anschleichen und versuchen, dem Wächter den Schatz wegzunehmen. Sobald der Wächter einen Mitspieler hört, zeigt er auf ihn, und dieser erstarrt und darf sich nicht mehr bewegen.

Der Schatten: „Kaum habt ihr die Aufgabe gelöst, öffnet sich mit grässlichem Knirschen eine der Holzwände, und aus dem Ohr quillt stinkender Qualm, der euch in die nächste Kammer hinübertreibt. Hinter euch schließt sich die Wand wieder, und ihr hässliches Schaben lässt euch die Haare kräuseln …"

Siebte Kammer
Material: –
Der Schatten: „Das Zeichen dieser Kammer zeigt die vier Himmelsrichtungen. Ob ihr euch nach ihr orientieren könnt, soll nun geprüft werden. Bildet einen Kreis!"

Das Spiel: Blind durch den Kreis

Material: –
Teilnehmer-Zahl: 10–20
Dauer: 10 Min.
Spielregel: Jeder Mitspieler soll einmal blind durch den Kreis laufen und seinen ihm diagonal gegenüberstehenden Partner umarmen.
Variante 1: Ein Mitspieler wird vor dem Loslaufen ein paar mal um sich selbst gedreht.
Variante 2: Auf einer Obstwiese oder Waldlichtung mit Bäumen spielen (Vorsicht: Laaangsam gehen!)
Variante 3: Die übrigen Mitspieler dürfen durch Geräusche helfen: Hohes Summen bedeutet: nach links, tiefes Brummen: nach rechts.

Der Schatten: „Kaum habt ihr die Aufgabe gelöst, öffnet sich mit grässlichem Knirschen eine der Holzwände, und aus der Mitte der Windrose quillt stinkender Qualm, der euch in die nächste Kammer hinübertreibt. Hinter euch schließt sich die Wand wieder, und ihr hässliches Schaben lässt euch die Haare kräuseln …"

Achte Kammer
Material: *Stoppuhr*
Der Schatten: „Bis hierher mögt ihr es mit viel Glück geschafft haben. Doch nun wird sich zeigen, was ihr tatsächlich könnt. Dieser Raum ist die Kammer der Ewigkeit. Sie ist durch ein Zeitschloss gesichert, das sich nur durch die genaue Zeit öffnen lässt."

Das Spiel: Zeit-KIM

Material: Stoppuhr
Teilnehmer-Zahl: bis 15
Dauer: ca. 1 Minute
Spielregel: Die Teilnehmer stellen sich ca. drei Meter vor einer Wand auf. Nach dem Startzeichen sollen sie in exakt einer Minute (Stoppuhr!) mit der Hand die Wand berühren.

Der Schatten: „Kaum habt ihr die Aufgabe gelöst, öffnet sich mit grässlichem Knirschen eine der Holzwände, und aus der Sanduhr quillt stinkender Qualm, der euch in die nächste Kammer hinübertreibt. Hinter euch schließt sich die Wand wieder, und ihr hässliches Schaben lässt euch die Haare kräuseln …"

Neunte Kammer
Material: –
Der Schatten: „Tatsächlich habt ihr auch das Zeitschloss überwunden. Doch nun, dessen bin ich gewiss, werdet ihr scheitern. Denn nun sind Fähigkeiten jenseits des menschlichen Verstandes gefragt. Ob ihr diese habt, daran möchte ich doch zweifeln. Nun, ihr dauert mich, ihr armen Erdenwürmer. Darum soll die Aufgabe gelöst sein, wenn sie auch nur drei von euch gelingt."

Das Spiel: PSI-KIM

Material: evtl. Augenbinde
Teilnehmer-Zahl: mind. 4
Dauer: unter 5 Min.
Spielregel: Mit geschlossenen Augen einen von drei Mitspielern erkennen, der dicht vor einem steht. Intuition!

Der Schatten: „Kaum habt ihr diese letzte Aufgabe gelöst, öffnet sich mit einem gewaltigen Bersten die steinerne Westwand, und gleißendes Tageslicht und klare würzige Luft dringen herein. Aufstöhnend gelangt ihr nach draußen: Ihr habt es geschafft! Und mich – habt Dank dafür – mich habt ihr auch erlöst! Endlich bin ich nicht mehr der Schatten meiner selbst …"

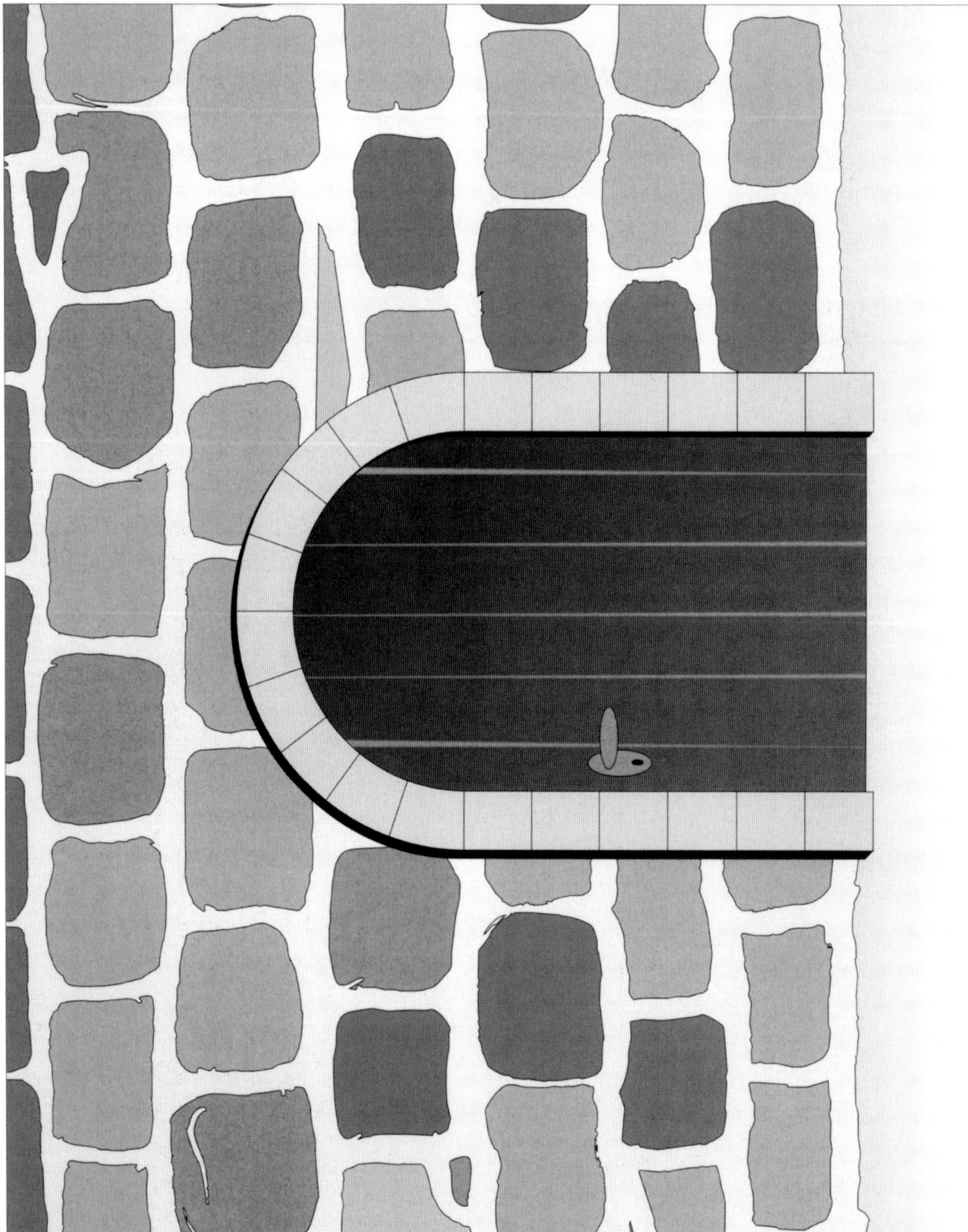

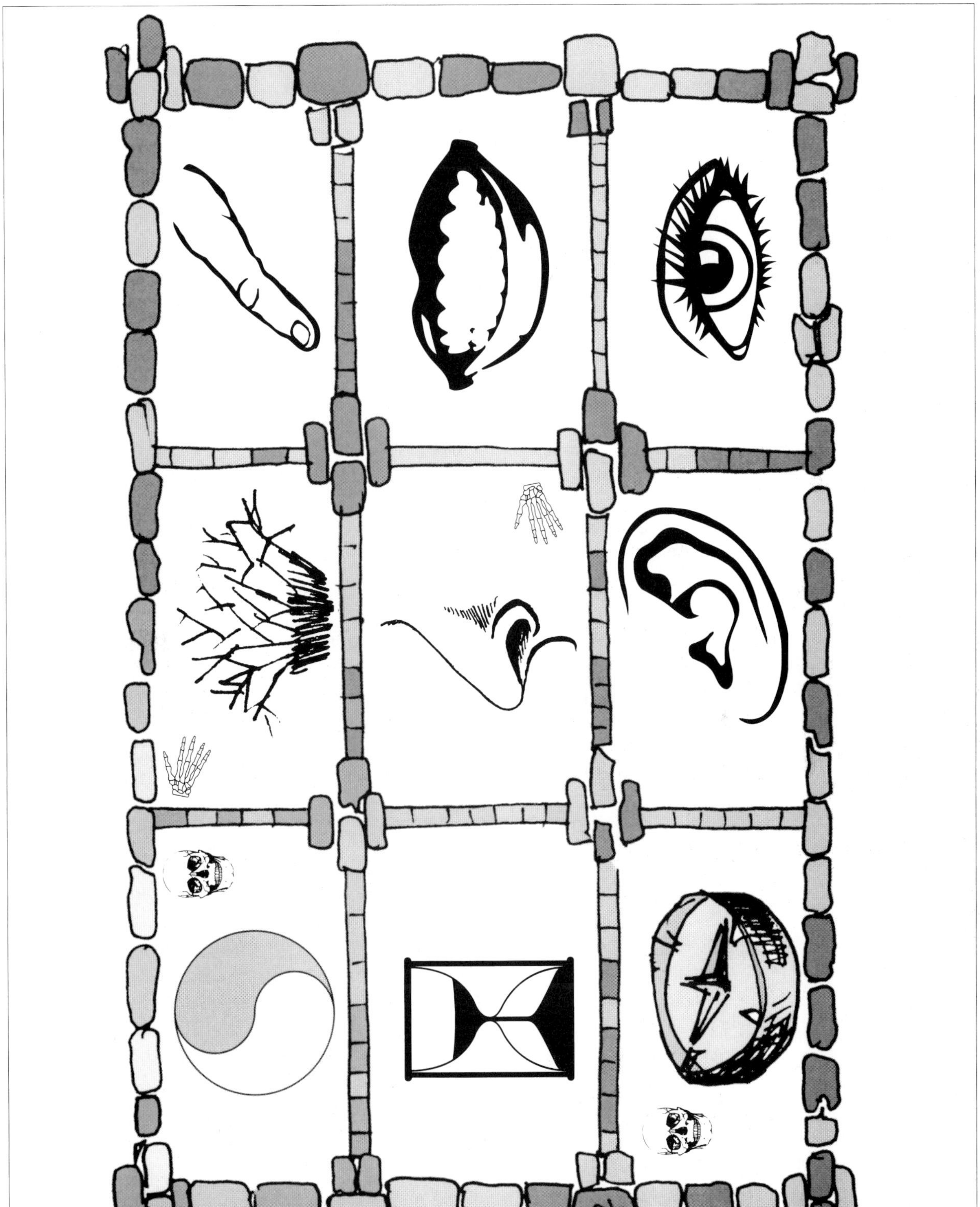

Training zum Problemlösen: Spiele mit System

Die folgende Spielfolge enthält Spiele, bei denen der Spielleiter etwas vormacht, was die Mitspieler genauso nachmachen sollen. Dabei gibt es „richtiges" und „falsches" Nachmachen. Richtig ist es dann, wenn die Regel des Spiels befolgt wurde. Allerdings muss die Regel erst einmal aus dem Vorgemachten erkannt und aus den fehlerhaften Versuchen der Mitspieler erschlossen werden. Meist ist das, was nachgemacht werden soll, um die Aufgabe richtig zu erfüllen, etwas ganz Unauffälliges und scheinbar Nebensächliches, auf das es jedoch letztendlich ankommt. Wer den Trick herausbekommt, verrät ihn nicht, sondern beteiligt sich am Spiel mit richtigen Darstellungen. Das ist die Hauptregel für alle diese Spiele.

Spiel und Scherz darf man üben, wie man dem Schlaf und anderen Erholungen sich hingibt: Wenn man den schweren und ernsten Pflichten Genüge getan hat.
Cicero, Von den Pflichten I, 29

Der Zusammenhang dieser Spiele mit Suchtvorbeugung ist vielleicht nicht sofort ersichtlich. Schließlich sind die meisten dieser Spiele Klassiker auf Kinder- und Jugendfreizeiten und dem Leser deshalb womöglich in ganz anderem Zusammenhang bekannt. Dennoch transportieren die Spiele viel von dem, was zeitgemäße sucht-unspezifische Suchtprophylaxe erreichen will: Positive Gruppenerlebnisse durch gemeinsames Handeln, Erfolgserlebnisse durch das Bewältigen schwieriger Aufgaben und dadurch Stärkung der Persönlichkeit.

Charly wipp

Material: –
Teilnehmer-Zahl: 5–15
Dauer: bis 10 Min.
Spielregel: Die Mitspieler sitzen im Kreis. Reihum zählt jeder Charly mit dem Zeigefinger der rechten Hand an den vor sich hingehaltenen Fingern der linken Hand folgendes aus (genannt sind im Folgenden nur die Finger der linken Hand):
Charly (Daumenspitze)
wipp (vom Daumen zur Zeigefingerspitze hinauffahren)
Charly (Zeigefingerspitze)
Charly (Mittelfingerspitze)
Charly (Ringfingerspitze)
wipp (vom Ringfinger zur Kleinfingerspitze hinauffahren)
Charly (kleiner Finger)
wipp (vom Kleinen Finger wieder zur Ringfingerspitze hinauffahren)
Charly (Ringfingerspitze)
Charly (Mittelfingerspitze)
Charly (Zeigefingerspitze)
wipp (vom Zeigefinger wieder zur Daumenspitze hinauffahren)

Der Spielleiter sagt, ob es „richtig" gemacht wurde. „Richtig" ist es aber nur, wenn man danach die Arme vor der Brust verschränkt.

Der Mond ist rund

Material: Stift oder Finger
Teilnehmer-Zahl: 5–10
Dauer: bis 10 Min.
Spielregel: Reihum zeichnet jeder mit einem Stift oder Finger auf folgenden Text ein Mondgesicht in die Luft. Alle müssen es „richtig" zeichnen:
„Der Mond ist rund, der Mond ist rund …
(zweimal das Mondgesicht umkreisen)
… er hat zwei Augen … (2 Punkte machen)
… Nas … (Strich)
… und Mund" (Querstrich)
„Richtig" wird die Zeichnung aber nur, wenn man vor das Zeichnen ein „Also" spricht.

Drei Stühle

Material: drei Stühle
Teilnehmer-Zahl: 5–20
Dauer: bis 10 Min.
Spielregel: Spieler A behauptet, dass Spieler B ein telepathisches Medium sei. B verlässt den Raum, wonach A mit der übrigen Gruppe einen von drei nebeneinander gestellten Stühlen festlegt, auf welchen sich B nachher (nach einer kurzen telepathischen Meditation) setzen soll. Dann ruft A Spieler B wieder herein, und dieser setzt sich tatsächlich auf den richtigen Stuhl.
Trick: B wird vor dem Spiel in Folgendes eingeweiht: Wird der erste Stuhl vereinbart, ruft A nur „B!" (= ein Wort), ist es der mittlere Stuhl „B, komm!" (= zwei Worte), und beim dritten Stuhl „B, komm rein!" (= drei Worte).

Einsame Insel

Material: –
Teilnehmer-Zahl: 5–15
Dauer: bis 10 Min.
Spielregel: Reihum sagt jeder, dass er auf eine einsame Insel zu fahren gedenkt, und dass er dazu ein … mitnimmt. Der Spielleiter sagt stets, ob das „Richtige" mitgenommen wird.
„Richtig" ist dies aber nur, wenn der Gegenstand denselben Anfangsbuchstaben hat wie der Vorname des Mitspielers.
Variante 1: … wie der Vorname des linken Nachbarn
Variante 2: … wieder Endbuchstabe des vom linken Nachbarn gesagten Gegenstandes.

Willi

Material: –
Teilnehmer-Zahl: 5–10
Dauer: bis 10 Min.
Spielregel: Die Mitspieler sitzen im Kreis. Reihum sagt jeder, was „Willi" für Vorlieben und Antipathien hat. So mag Willi z. B. Spagetti, aber keine Nudeln, er mag Pappe, aber kein Papier, er mag Busse, aber keine Autos, (höchstens noch Rennautos), er mag Zigaretten und Zigarren, aber keinen Tabak usw. Der Spielleiter sagt jeweils, ob Willi richtig eingeschätzt wurde.
Lösung: Willi mag nur Wörter mit Doppelbuchstaben.

Eisbären, Löcher und Fische

Material: drei Würfel, Tisch
Teilnehmer-Zahl: 5–10
Dauer: bis 10 Min.
Spielregel: Der Spielleiter würfelt mit drei Würfeln und sagt, dass er aus dem Würfelergebnis sehen könne, wie viel Eislöcher am Nordpol gerade von wie vielen Eisbären belauert würden und wie viele Fische gerade unter den Löchern herumschwömmen.

Beispiel:

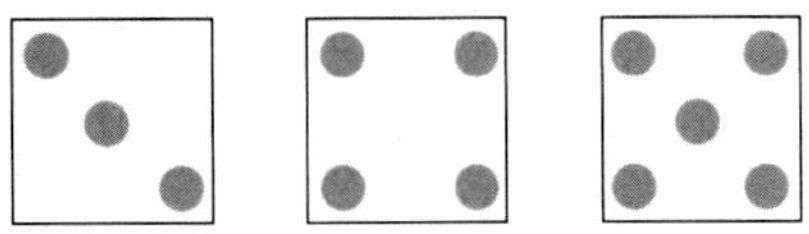

= 2 Löcher, 6 Eisbären und 6 Fische

Lösung: Die Würfelaugen in der Mitte des oben aufliegenden Würfelbildes sind die Löcher im Eis, die Augen um sie herum sind die Eisbären, und die Augen auf der nicht sichtbaren Würfelunterseite sind die Fische (Ober- und Unterseite ergänzen sich stets zu 7!)
Merke: Wo keine Löcher, da keine Eisbären und keine Fische!

Flaschenspiel

Material: Flasche und Deckel
Teilnehmer-Zahl: 5–15
Dauer: bis 10 Min.
Spielregel: Die Mitspieler sitzen im Kreis. Reihum wird eine Flasche mit Deckel weitergegeben. Jeder sagt, ob er sie offen oder geschlossen bekommen hat und ob er sie offen oder geschlossen weitergibt. Der Spielleiter sagt, ob es „richtig“ gemacht wurde.
Lösung: Offen oder geschlossen bezieht sich nicht auf die Flasche mit ihrem Deckel, sondern auf die Beinstellung des gerade aktiven Mitspielers. Offen heißt: die Beine sind nebeneinander gestellt, geschlossen heißt: die Beine sind übereinander geschlagen.
Variante: Auch mit einer Schere spielbar.

Ich gehe in die Oper ...

Material: –
Teilnehmer-Zahl: 5–10
Dauer: bis 10 Min.
Spielregel: Die Mitspieler sitzen im Kreis. Reihum sagt jeder den Satz: „Ich gehe in die Oper und ziehe ... an." Der Spielleiter bewertet, ob auch das „Richtige" angezogen wird.
„Richtig" ist das Kleidungsstück aber nur, wenn es etwas ist, was der linke Nachbar gegenwärtig tatsächlich trägt.

Irrenarzt

Material: –
Teilnehmer-Zahl: 5–15
Dauer: bis 10 Min.
Spielregel: Mitspieler bewirbt sich um den Job als Irrenarzt und wird anschließend vor die Tür geschickt, der Rest der Gruppe wird geisteskrank. Allerdings haben sie alle die gleiche Krankheit, in die sie nun vom Spielleiter eingeweiht werden. Der Irrenarzt wird nun hereingerufen und soll nun durch geschicktes Fragen reihum an die Kranken herausbekommen, welche Krankheit sie haben. Errät er sie, ist die Gruppe geheilt. Die Fragen dürfen allerdings nicht so gestellt werden, dass sie mit Ja oder Nein zu beantworten sind.
Lösung: Jeder antwortet auf die Frage, die seinem Vordermann gestellt wurde. Der erste gefragte Spieler gibt als Antwort nur einen lallenden Laut von sich.

Parallel oder gekreuzt

Material: zwei Stifte
Teilnehmer-Zahl: 5–15
Dauer: bis 10 Min.
Spielregel: Die Mitspieler sitzen im Kreis. Reihum werden mit beiden Händen zwei Stifte weitergegeben. Jeder sagt, wie er sie bekommen hat und wie er sie weitergibt, nämlich parallel oder gekreuzt. Der Spielleiter sagt jeweils, ob es „richtig" gemacht wurde.
Lösung: Es kommt bei der „richtigen" Weitergabe nicht auf die Anordnung der Stifte an, sondern auf die Haltung der Arme vor und nach der Weitergabe: am Körper herabhängend bzw. in den Schoß gelegt = parallel; vor dem Körper verschränkt = gekreuzt.

Rapunzel

Material: eingeweihtes Medium
Teilnehmer-Zahl: 5–15
Dauer: bis 10 Min.
Spielregel: Mitspieler A behauptet, dass Mitspieler B (= Rapunzel) ein telepathisch begabtes Medium sei. Nur durch Gedankenübertragung könne Rapunzel herausfinden, wem Mitspieler A ohne ihr Beisein die Hand gegeben hätte. Um die Konzentration zu ermöglichen, müsste A jedoch eine Formel sprechen, und anschließend müssten alle solange still sein, bis A Rapunzel hinausschicke. Mitspieler A spricht nun folgende Worte:
„Rapunzel, Rapunzel, hör auf's Wort
und geh nicht eher fort,
bis ich dir sagen werde: Geh!
Und gib dem die Hand,
dem ich sie geben werde."
Nun schweigt alles. Irgendwann sagt Mitspieler A: „Rapunzel, geh!", und Rapunzel verlässt den Raum. A gibt daraufhin Mitspieler C für alle sichtbar die Hand, und ruft Rapunzel wieder herein. Rapunzel gibt nach kurzer Konzentration ebenfalls; Mitspieler C die Hand.
Trick: Irgendjemand wird in der Schweigerunde doch nicht ganz still sein, husten, sich räuspern, kichern o. Ä. Diese Äußerung ist das „Wort", auf das Rapunzel hören sollte, und der diese getan hat, ist damit Mitspieler C.

Zahlen raten

Material: 5 Gegenstände, z. B. Streichhölzer oder Zahnstocher oder Dominosteine, Tisch
Teilnehmer-Zahl: 5–10
Dauer: bis 10 Min.
Spielregel: Der Spielleiter ordnet die fünf Gegenstände irgendwie auf dem Tisch an und behauptet, damit würde jetzt auf dem Tisch eine (z. B.) 3 zu sehen sein. Dann ordnet er neu und sagt, jetzt wäre eine 1 zu sehen. Nun soll ein anderer Mitspieler ebenfalls eine Zahl zwischen 0 und 5 darstellen. Der Spielleiter beurteilt jeweils, ob dies „richtig" gemacht wurde.
Lösung: Es kommt nicht auf die Anordnung der Gegenstände an, sondern auf die Anzahl der Finger, die der Vorführer mit der linken Hand auf den Tisch legt.

Die Gesundheitsrallye am Friedrich-von-Alberti-Gymnasium, Bad Friedrichshall: Der Medicus führt in die Sichtweisen der Schulmedizin ein, der Heiler und der Schamane werden folgen.

Nach dem Brainstorming zum Thema Sucht schließt sich eine Ruhephase an, bei der sich alle auf sich und ihren Körper konzentrieren

Die Gesundheitsrallye

Ein Projekt zur Suchtprävention und Gesundheitsbildung für Schule und außerschulische Jugend(bildungs)arbeit für Jugendliche und junge Erwachsene ab 14 Jahren.

Einführung

Suchtprävention und Gesundheitserziehung haben vieles gemeinsam, wenn sie auch nicht deckungsgleich sind: Beide wollen zu einem (eigen-)verantwortlichen Umgang mit sich selbst und risikobehafteten Stoffen und Tätigkeiten erziehen.

Doch Gesundheitserziehung umfasst mehr als Suchtvorbeugung, denn sie will nicht nur eine Krankheit verhüten.

Ebenso umfasst Suchtprävention mehr als Gesundheitserziehung: denn sie ist stärker mit Politik und Rechtsprechung verflochten und ausdifferenzierter in der Vielfalt zielgruppenspezifischer Methodik.

Die „Gesundheitsrallye" will nun eine Brücke zwischen beiden Interessen schlagen, denn sie hat sowohl gesundheitserzieherische wie auch suchtpräventive Elemente.

Die Gesundheitsrallye ist nicht wie eine Stadt- oder Abenteuerrallye ein fertig vorbereiteter Suchlauf mit festen Stationen, deren Ablauf geplant und bereits im Wesentlichen feststeht. Zwar ist auch sie eine Art Suchspiel, bei der eine Stadt unter einem besonderen Blickwinkel – in diesem Fall dem der Gesundheit – erforscht wird. Jedoch ist das Ergebnis sowohl für die Leiter wie auch für die Teilnehmer offen. Auch die Orte, die von den Teilnehmern im Laufe der Rallye aufgesucht werden und an denen sie Informationen zu bestimmten Fragestellungen erlangen sollen, liegen in der Findigkeit und im Ermessen der Teilnehmer.

Ziele:

Die Teilnehmer sollen sich klar werden über ihr Verständnis von Gesundheit und den Stellenwert, den sie Gesundheit in ihrem Leben einräumen. Dabei wird dem Verhältnis zur Krankheit „Sucht" besondere Bedeutung eingeräumt. Konkret geht es um folgende Fragen

- Was ist Gesundheit?
- Wo bekommt man Gesundheit?
- Wie bekommt man Gesundheit?
- Wie bewahrt man sich seine Gesundheit?

Darüber hinaus sammeln die Teilnehmer Erfahrungen darin, wie man sich Informationen beschafft, welche Schwierigkeiten dabei entstehen können und wie man diese überwindet, wie man gewonnene Informationen ordnet, auswertet und interpretiert. Sie zu dokumentieren und auch einer größeren Grup-

pe zu präsentieren ist ein wesentliches Lernziel für die Teilnehmer.
Gleichzeitig erfahren die Teilnehmer/innen, wie „gesund“ ihr Heimat- bzw. Schulort ist, welches gesundheitsgefährdende Potential er hat und welche gesundheitsfördernden Ressourcen.
Auch lernen die Schüler, dass die Beschäftigung mit Gesundheit Spaß machen kann und dass sich das dafür aufgebrachte Engagement lohnt.
Nicht zuletzt geht es auch um das Phänomen, dass oft mehrere Wahrheiten nebeneinander existieren können und dass diese Vielfalt auch gut ist.

Vorgehensweise:
Die Teilnehmer wählen zunächst einen von drei möglichen „Wegen“ (im Sinne von Denkrichtungen), auf welchen sie mehr über Gesundheit erforschen sollen:

- den Weg des Medicus,
- den Weg des Heilers
- und den Weg des Schamanen.

- Unter dem Weg des „Medicus“ soll die Schulmedizin verstanden sein, also diejenige Gesundheit, die einem Ärzte, Krankenhäuser und Apotheken verschaffen.
- Unter dem Weg des „Heilers“ soll die sog. Alternative Medizin verstanden sein: Gesundheit in Einklang mit natürlichen Lebensbedingungen, wie z. B. Homöopathie, Anthroposophische Medizin, die Anwendungen alter Hausmittel, gesunde Lebensführung etc.
- Unter dem Weg des „Schamanen“ soll der Weg verstanden sein, den Körper über die Psyche gesund werden zu lassen, also die psychosomatische Medizin sowie esoterische Gesundheitsbildung, Psychotherapie, Hypnose etc.

Die Einführung von drei Wegen soll den Teilnehmern spätestens bei ihren Recherchen klar machen, dass das allgemeine Verständnis mancher Begriffe – und hierher gehört auch „Gesundheit“ – nicht ohne einen vorhandenen ideologischen (um nicht zu sagen: philosophischen) Hintergrund gesehen werden kann. Die Teilnehmer werden feststellen, dass es mehrere Wahrheiten gibt, von denen keine allein richtig und den anderen überlegen ist, und keine völlig falsch und unsinnig.
Natürlich könnten die drei Wege auch aktuellere Bezeichnungen haben, etwa Schulmedizin, Naturheilkunde und psychosomatische Medizin/Psychologie. Doch die alten Bezeichnungen Medicus, Heiler und Schamane sind jeweils weiter gefasst als die Bezeichnungen der Gegenwart, und sie haben darüber hinaus einen abenteuerlicheren, sinnlicheren und damit auch viel animierenderen Klang.
Jede Gruppe muss sich für den Weg entscheiden, den sie gehen will. Alle Wege sollten mindestens einmal gewählt werden.
Darüber hinaus erhalten alle Gruppen einen Forschungsauftrag. Sie sollen wahlweise eine von drei Krankheiten untersuchen, nämlich:
AIDS, Allergie oder Sucht.

Die Krankheiten lassen sich für andere Zwecke sicherlich austauschen, wenn man das Verfahren der Gesundheitsrallye beibehalten will, die drei Heilberufe sollte man belassen.
Wir haben uns deshalb für die drei genannten Krankheiten entschieden, weil sie alle drei sowohl körperliche wie auch seelische Auswirkungen und auch Ursachen haben, und alle drei sind Krankheiten, von denen auch Schüler/innen betroffen sind oder sein können.
Jede Gruppe soll also auf dem von ihnen gewählten Weg eine dieser drei Krankheiten erforschen, so dass sich rein rechnerisch mindestens neun Gruppen ergeben.
Dazu erkunden die Teilnehmer/innen in kleinen Gruppen die Stadt, um vor Ort Informationen über ihre ausgewählte Krankheit einzuholen und später in geeigneter Weise zu dokumentieren. Zur Dokumentation könnte auch die Erstellung eines Wegweisers gehören, welche Einrichtungen/Gruppen/Personen am Ort – dem gewählten Weg entsprechend – Informationen oder konkrete Hilfe leisten können. (Dieses „am Ort" muss man nicht zu eng fassen, denn in einer Gemeinde in einem eher ländlich strukturierten Gegend kann es sinnvoll sein, die nächstgelegene Stadt mit einer besser ausgestatteten Infrastruktur in die Recherchen mit einzubeziehen.
Folgende Fragestellungen kann man den Rallyeteilnehmer/innen für ihren Forschungsauftrag an die Hand geben:

- Wie bekomme ich diese Krankheit?
- Wie werde ich wieder gesund?
- Wo in dieser Stadt erhalte ich Heilung?
- Welche Bedingungen muss ich erfüllen, um Heilung zu erhalten?
- Falls Heilung nicht möglich ist – wer oder was (in unserer Stadt) hemmt den Fortgang der Krankheit, wer oder was beschleunigt ihn?
- Wie kann ich vermeiden, diese Krankheit zu bekommen?
- Wer oder was unterstützt mich (in dieser Stadt) dabei?

Rahmenbedingungen

Eine solche Rallye lässt sich nicht ohne einen gewissen personellen Aufwand durchführen, wobei sich die Personenzahl des Durchführungsteams nach Alter, Zahl und Zusammensetzung der Teilnehmer richten wird. Natürlich spielt auch eine Rolle, welche Fähigkeiten bei den Organisatoren vorhanden sind, besonders hinsichtlich in ihrer Kompetenz, die drei Heilberufe zu vermitteln. Eine Möglichkeit, „authentische" Vertreter der Medicus-, Heiler- und Schamanengilden in das Projekt einzubinden, kann die Anfrage bei den vielerorts vorhandenen Arbeitsgemeinschaften für Gesundheit sein. Die Geschäftsführung liegt meist bei den zuständigen Gesundheitsämtern.

Übersicht für ein Drei-Tage-Projekt (das Projekt findet nur an Vormittagen statt):

Vor Beginn: Vermittlung von Grundinformationen über die drei zu erforschenden Krankheiten. Dies geschieht in der Schule während des normalen Unterrichts; dazu erhält jeder Teilnehmer einen „Steckbrief" über die Krankheiten (s. u.) ausgehändigt.

Tag 1: Vorstellung des Projektes, Begriffsklärung, Gruppenbildung, Auftragsverteilung und Austausch über die Informationsbeschaffung.

Tag 2: Exkursionstag

Tag 3: Aufbereitung der gesammelten Daten, Erstellung und Präsentation der Dokumentation, Bewertung der auf dem jeweiligen Weg gefundenen Informationen.

Wenn vier bis fünf Tage für das Projekt zur Verfügung stehen, kann man der Recherche während der Rallye und besonders der Dokumentation und der Auswertung mehr Zeit widmen.
Soll das 3-Tage-Projekt bei einer mehrtägigen Fortbildung präsentiert und praktisch erprobt werden, ist es möglich, dies während anderthalb ganzer Tage zu tun.
Nachfolgend finden Sie einige Hilfsmittel zur Durchführung der Gesundheitsrallye: die Steckbriefe über die drei Krankheiten Aids, Allergie und Sucht sowie drei Mustertexte zur Einführung der drei Heilberufe Medicus, Heiler und Schamane.
Daran anschließend wird die Gesundheitsrallye praktisch beschrieben anhand ihres Probelaufes an einer Schule, dem Friedrich-von-Alberti-Gymnasium in Bad Friedrichshall (Landkreis Heilbronn). Hier fand sie vom 25. bis 27. März 1998 während dreier Projekttage zur fächerübergreifenden Suchtprävention für zwei siebte Klassen statt.

Steckbrief AIDS – „Aquired Immune Deficiency Syndrome"

AIDS ist eine Krankheit, die den Körper hilflos gegen eindringende Krankheitserreger macht (Immunschwäche).
Ursache ist der Krankheitserreger HIV – ein Virus, das die Abwehrzellen des Körper befällt (T-Helferzellen). Diese können Krankheitskeime nicht mehr abwehren („Es brennt bei der Feuerwehr").

Definition: HIV-positiv: Der HIV-Test reagiert, HIV ist im Körper, AIDS-krank: Die Krankheit ist ausgebrochen

Die Infektion selbst ist nicht fühlbar, Symptome kommen erst nach Jahren. Durchschnittlich liegt der Krankheitsausbruch zehn Jahre nach der Infektion.

Allgemeinsymptome: Schwäche, Gewichtsabnahme, Fieber, Durchfall

Spezifische Erkrankungen: spezielle Lungenentzündungen, Pilzinfektionen in Mund und Speiseröhre, Hirn- und Augenentzündungen, bösartige Hauttumore, Tuberkulose und vieles mehr.

Therapiemöglichkeiten: Derzeit gibt es gute Möglichkeiten, um das Fortschreiten der Infektion bzw. den Krankheitsausbruch zu verzögern. Man kann das Virus aber nicht aus dem Körper eliminieren (keine Heilung).

Übertragung: Das Virus wird von einem Menschen zum anderen durch Körperflüssigkeiten übertragen. In folgenden Körperflüssigkeiten kann das Virus in zur Infektion ausreichender Konzentration enthalten sein:
in Blut, Samenflüssigkeit (Sperma), Scheidenflüssigkeit und Muttermilch als Spezialfall.
(Im Speichel befindet sich keine ausreichende Viruskonzentration.)
Diese Flüssigkeiten müssen auf Schleimhaut (feuchte Häute im Mund, der Geschlechtsteile oder im Darm) gelangen oder direkt unter die Haut (z. B. beim Spritzentausch bei Drogenkonsum).

Infektionen geschehen durch:
- „eindringenden" Geschlechtsverkehr ohne Kondom
- gemeinsame Spritzenbenutzung Drogenabhängiger
- infizierte Mutter auf Neugeborenes
- Bluttransfusion (sehr selten, heutzutage weniger als ein Mal/Jahr)

Schutz: durch Treue oder Kondome.
Kondome schützen sicher, wenn sie richtig angewendet werden.
Vor einem Verzicht auf Kondome in treuer Beziehung sollte ein HIV-Test durchgeführt werden (dieser ist aber für die letzten drei Monate vor der Blutentnahme unzuverlässig)

Nach Dr. Furtwängler

Steckbrief Allergie

Eine Allergie ist eine Überempfindlichkeitsreaktion des Immunsystems mit nicht sinnvoller Abwehrreaktion gegen an sich harmlose körperfremde Substanzen.

Das Immunsystem dient der Abwehr von Krankheitserregern und gefährlichen Körperfremdstoffen. Diese werden durch verschiedene Zellgruppen und mit Hilfe der von ihnen produzierten Antikörper (Immunglobuline) bekämpft.

Ablauf einer allergischen Reaktion:
a) **Sensibilisierung:**
Beim ersten Kontakt (oder mehreren Erstkontakten) mit dem Allergen (= Stoff, der die Allergie auslöst) wird beim Allergiker eine bestimmte Antikörper-Sorte, sog. Reagine (= Immunglobulin E, kurz IgE) vermehrt gebildet. Diese haben nach dem Kontakt auf ihrer Oberfläche allergenspezifische Bindungsstellen für dieses bestimmte Allergen gebildet. Nun lagern sich die IgE's an sog. Mastzellen an, welche Histamin produzieren.

b) **Allergische Reaktion:**
Beim erneuten Kontakt mit dem Allergen wird dieses mit Hilfe der vorprogrammierten IgE's erkannt. Bei einer entsprechender Zahl von Antikörpern wird von den Mastzellen Histamin freigesetzt.

c) **Wirkung der Histaminfreisetzung im Körper**:
- Steigerung der Kapillardurchlässigkeit
- Erweiterung der Gefäße
- Kontraktion der glatten Muskulatur (z. B. der Bronchiolen)

d) **Körperliche Symptome**
- Anschwellen (Haut und Schleimhaut)
- Flüssigkeitsabsonderung (Tränen, Schnupfen ...)
- Entzündungszeichen
- Rötung (Haut und Schleimhaut) und Juckreiz
- Blutdrucksenkung, Schweißausbruch, schneller Puls (diese Kreislaufprobleme können zum sog. Anaphylaktischen Schock und im schlimmsten Fall auch zum Tod führen).

Arten von Allergien:
a) der Haut: z. B. Neurodermitis, Nesselsucht, Ekzeme
b) der Atemwege: z. B. Heuschnupfen, Asthma, Hausstauballergie
c) des Darms: z. B. Zöliakie (= Gluten-Unverträglichkeit)
Auslöser könnten über eine Kontaktallergie z. B. Reinigungsmittel, Schmuck, Waschmittelrückstände aus der Kleidung, Kosmetika, Tierhaare oder Latex (Gummi) sein, oder über eine Nahrungsmittelallergie z. B. Ei, Milch, Fisch, Medikamente oder Zusatzstoffe in Nahrungsmitteln.

Nach Loeben-Furtwängler

Steckbrief Sucht

Sucht ist ein unstillbares Verlangen nach einem Stoff oder einer Tätigkeit, um ein bestimmtes Lust- oder Wohlgefühl zu erreichen oder Unlustgefühle zu vermeiden.
Diesem Verlangen wird auch dann nachgegeben, wenn der damit verursachte körperliche, seelische oder gesellschaftliche Schaden größer ist als die erreichten Vorteile.
Sucht ist eine Krankheit.
Man unterscheidet so genannte „stoffgebundene“ und „nicht-stoffgebundene“ Süchte. Die ersteren haben mit bestimmten Suchtmitteln bzw. „Drogen“ zu tun, welche man einnimmt.
Davon gibt es wiederum legale, halblegale und illegale Drogen:
Zu den legalen zählen z. B. Alkohol, Zigaretten, Lösungsmittel und Kaffee.
Zu den halblegalen zählen die verschreibungspflichtigen Medikamente.
Illegale Suchtmittel sind das, was man landläufig unter „Drogen“ versteht: Haschisch bzw. Marihuana, LSD, Heroin, Kokain, Crack, Ecstasy usw.
Zu den nicht-stoffgebundenen Süchten zählen z. B. die Spielsucht oder die Essstörungen wie Magersucht (Anorexie), Esssucht (Adipositas) und die Ess-Brechsucht (Bulimie). Auch den extremen Missbrauch von Medien (Fernseh-, Computer-, Gameboy-Sucht), die Konsum- und Kaufsucht oder die Arbeitssucht zählt man hierzu.
Man unterscheidet zwischen körperlicher Abhängigkeit und psychischer Abhängigkeit. Erstere tritt dann ein, wenn der Körper den Stoff nach einer Gewöhnung in seinen Stoffwechsel eingebaut hat. Nach Absetzen des Stoffs treten Entzugserscheinungen wie Schweißausbrüche, Fieber, Muskelschmerzen oder Erbrechen auf.
Bei der psychischen Abhängigkeit von dem Stoff oder der Handlung ist das Verlangen übermächtig stark und vom Willen nicht mehr steuerbar.
Man schätzt, dass

- es in der Bundesrepublik 18 Millionen Raucher gibt, von denen sich sechs Millionen selbst als nikotinabhängig bezeichnen;
- 800.000 Menschen medikamentenabhängig sind;
- 2,5 Millionen Menschen alkoholabhängig sind;
- 40.000 Menschen sterben jedes Jahr an den Folgen übermäßigen Alkoholkonsums;
- 100.000–120.000 Menschen abhängig von illegalen Drogen sind;
- es in der Bundesrepublik 25.000–30.000 süchtige Spieler gibt;
- auf jeden Abhängigen drei bis vier Mitbetroffene (Ehepartner, Kinder, etc.) kommen.

In den letzten Jahren hat man beobachtet, dass immer mehr Menschen nicht nur eine, sondern mehrere Drogen nehmen. Man spricht dann von Mehrfachabhängigkeit oder Polytoxikomanie.

Nach Robra

Ich bin der Heiler

Wir Heiler bauen beim Behandeln unserer Patienten weniger auf wissenschaftliche Versuchsreihen und Beweise, sondern auf überliefertes Wissen und auf alte und eigene Erfahrungen. Deshalb nennt man die Naturheilkunde häufig auch Erfahrungsheilkunde oder Erfahrungsmedizin. Im Zentrum stehen beim Heilpraktiker nicht die Symptome der Patienten (Husten, Kopfweh, Gelenkbeschwerden, Bauchweh, Allergie, Sucht, AIDS ...), sondern der erkrankte Mensch selbst.
So können beispielsweise drei Patienten mit Heuschnupfen (der sich ja evtl. schon bei jedem von ihnen ganz unterschiedlich äußert) auf drei völlig unterschiedliche Arten behandelt werden – oder umgekehrt drei Patienten mit unterschiedlichen Krankheiten dennoch auf die gleiche Art und Weise.

In langen Gesprächen versucht der Heiler, möglichst viel über seinen Patienten zu erfahren, über seine Familiengeschichte und seine eigene, über alle Krankheiten, aber auch andere besondere Vorkommnisse, die ihn geprägt haben und zu dem Menschen mit den (gesundheitlichen) Problemen gemacht haben, der er heute ist. Dabei sieht der Heilpraktiker, dass der Patient eine Einheit aus Körper, Geist und Seele ist und dass jedes körperliche Problem auch auf der psychischen Ebene seine Entsprechung hat.

Die Behandlung erfolgt dann weniger symptomatisch, sondern ist speziell auf diesen einzelnen, einmaligen Menschen in seiner jetzigen Verfassung gemünzt. Sie versucht die Ursache für die gerade vorliegende Erkrankung zu bekämpfen, indem die eigenen Heilkräfte des Patienten aktiviert werden.

Sie greift auf alte Traditionen der Behandlungsweise zurück (z. B. Pflanzenheilkunde, Arzneien aus Mineralien oder tierischer Herkunft, ausleitende Verfahren mittels Medikamenten, Einläufen, Schröpfen, Blutegeln u. v. a.). Auch neuere Methoden und Erfahrungen werden immer wieder aufgenommen und zu dem alten Wissen der Erfahrungsheilkunde ergänzt.
Eine wichtige Rolle spielt v. a. noch das echte „Behandeln", d. h. das Handanlegen (Handauflegen) an Patienten. Es wird nicht nur ein Medikament verschrieben, welches dann dreimal täglich zu Hause eingenommen werden soll, sondern der Heiler versucht noch, einen emotionalen Kontakt (Mitgefühl – nicht Mitleid!) zu seinem Patienten aufzubauen. Dies kann sehr schön durch direkte Berührung (Massagen = Behandeln) oder auch im übertragenen Sinn durch da sein, Zeit haben, Einfühlen und Hilfe zur Selbsthilfe geben geschehen. Man versucht mit dem Patienten herauszufinden, was der „Sinn" dieser Krankheit ist (Krankheit als Weg), und wie die Gesundheit wieder hergestellt werden und vor allem stabilisiert und erhalten werden kann.

Überhaupt spielt in der Naturheilkunde die Gesundheit (mehr als die Krankheit) – und die Anleitung zum Erhalten der Gesundheit – eine große Rolle. Vorbeugende Maßnahmen, eine gesundheitsbewusste Lebensweise sind zentrale Themen. Das heißt, der Patient muss die Eigenverantwortung für seine Gesundheit (u. Krankheit) erkennen und hat sie damit selbst in der Hand, was manchmal nicht so bequem ist. Ein Beispiel hierfür wäre etwa, wenn man mit Migräne zum Heiler kommt und von diesem zum Heilfasten angeleitet wird, statt einfach nur eine Schmerztablette einzunehmen, die zwar rasch kurzfristige Erleichterung bringt, allerdings nicht das Problem beseitigt.

Die Erklärung verschiedener Krankheitssymptome und die Aufklärung über ihre Funktion bei der Wiederherstellung der Gesundheit ist daher auch ein ganz wesentlicher Behandlungsschritt. Zum Beispiel ist Fieber ja eine sinnvolle Abwehrreaktion der Körpers gegen das Wachstum und die Vermehrung eingedrungener Krankheitserreger, es ist also nicht die Krankheit, sondern eine sinnvolle Gegenmaßnahme des Körpers, der Weg des Körpers, aus eigener Kraft wieder gesund zu werden. So wird Fieber in der Naturheilkunde nicht prinzipiell bekämpft, sondern, wenn es nicht zu hoch ist, sogar begrüßt und als Zeichen einer gut funktionierenden Abwehr gern gesehen – ja gelegentlich sogar provoziert.

Zusammenfassend lässt sich sagen, der Heiler arbeitet nicht gegen die Krankheit, sondern mit der Heilkraft!

Nach Loeben-Fürtwängler

Ich bin der Medicus

⇒ Der Fachmann für alle Krankheiten.

⇒ Ich messe Fieber und Körpergewicht, ich zähle die weißen Blutkörperchen und überhaupt alles, was man messen und zählen kann.

⇒ Wenn der Patient kommt und seine Beschwerden berichtet, suche ich aus diesen Beschwerden heraus nach der dazugehörigen Krankheit.

⇒ Wenn ich diese Krankheit nicht gleich finde, nutze ich meine Instrumente, Geräte, Labor usw., bis sich eine passende Krankheit ergibt.

⇒ Für diese Krankheit suche ich dann ein Medikament, das die Krankheit lindert oder beseitigt.

⇒ Aber: ein Medikament gilt bei mir nur etwas, wenn man die Wirksamkeit statistisch beweisen kann. Ich glaube mehr an das, was ich messen und beweisen kann – alles andere ist Scharlatanerie!

Nur ich weiß z. B. wie viele Viren der AIDS-Kranke im Blut hat, oder an welchen Hirnstrukturen das Heroin seine Wirkung entfaltet, oder welche Teile des Hausstaubs für die Hausstauballergie verantwortlich sind. Das kann ich messen und beweisen.

- Hast du eine Allergie, geb' ich dir ein Mittel, das die allergische Reaktion dämpft.
- Hast du AIDS, geb' ich dir ein Mittel, das die Anzahl der Viren im Blut senkt.
- Bist du suchtkrank, geb' ich dir ein Mittel, das die Sucht dämpft, das ist allerdings nicht so einfach. Vielleicht ist Sucht nicht eine Krankheit wie Masern oder Gallensteine oder AIDS oder eine Allergie.

Jedenfalls stehe ich auf dem festen Boden der Wissenschaft und deshalb wird meine Arbeit auch von der Krankenkasse bezahlt.

Nach Dr. Furtwängler

Ich bin der Schamane

- Ich kann mich auf meine inneren Fähigkeiten besinnen, um Probleme zu lösen.
- Ich habe ein altehrwürdiges und alle Kulturen durchziehendes Streben nach Wissen und persönlicher Kraft.
- Ich versuche, eine Brücke zwischen der physischen Welt und den Reichen der Imagination und Vision zu schließen. Wir Schamanen bedienen uns dazu bestimmter Techniken, z. B. der Geist-Reise. Dies ist eine Reise in der Vorstellung, um Kontakt zur Geistwelt aufzunehmen. Es ist ein „Flug" in unser Inneres, bei dem wir in einer bestimmten Form von Ekstase und Entspannung zugleich (einer sog. „Trance") Antworten auf Fragen oder Probleme erhalten. Meditation oder Versenkung sind ähnlich, eine Geist-Reise geht darüber hinaus. Häufig benutzen wir Schamanen eine Trommel, um uns in Trance zu bringen.

Für mich als Schamanen ist der Mensch Teil seiner Umwelt.

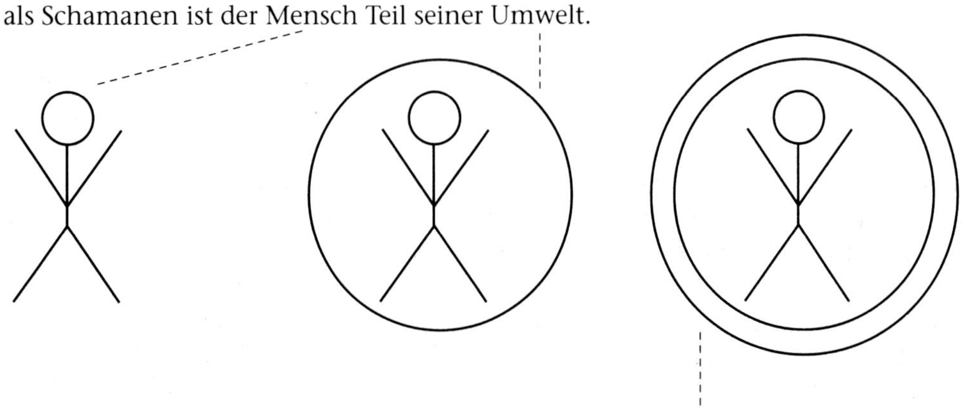

Doch diese greifbare, „wirkliche" Welt ist umgeben von einem Reich der „Geister". Dieser Kosmos Mensch-Umwelt-Geistwelt ist durchwirkt von einem universellen „Kraftgewebe", das jegliches Leben erhält: Alle Elemente unserer materiellen Umwelt (Steine, Pflanzen, Tiere, Wolken und Wind) sind lebendig und beziehen ihre Kraft aus der Geistwelt/der Geisterwelt. Dieses „Gewebe des Universums" ist idealerweise in einem Gleichgewicht. Menschen in diesem Gleichgewicht sind „gesund".
Bei kranken Menschen ist dieses Gleichgewicht gestört. Auf meinen magischen Reisen kann ich diese Anderswelt betreten und mit den Geistern Kontakt aufnehmen.
Der schamanische Weg führt den Menschen zu größerem Erfolg und größerer Effektivität in der Welt. Man wird klarsichtiger, verantwortungsbewusster, kann seine Ziele schneller verwirklichen, erhält mehr Lebensfreude und verbessert seinen allgemeinen Gesundheitszustand.
Er ist jedoch kein Allheilmittel für alle anstehenden Probleme des Lebens, kann jedoch ihre Lösung erleichtern.
Wir Schamanen haben vier besondere Fähigkeiten:

- Heilen,
- Zurückgreifen auf neues oder verloren gegangenes Wissen,
- Erwerben von Kraft,
- Gabe des Prophezeiens oder Voraussagens,

alles dies jedoch stets zum Nutzen anderer bzw. der Gemeinschaft.

Ein Schamane heilt, indem er dem Kranken hilft, sein Gleichgewicht wieder herzustellen.
Um den Ort der Gleichgewichtsstörung festzustellen, begebe ich mich auf eine magische Reise.
Zur Heilung stehen mir so genannte „Orte der Kraft", „Krafttiere", Steine und auch Pflanzen zur Seite. Ich benutze bei der Heilung die besonderen Schwingungen und Ausstrahlungen, den „Geist" der Pflanze, des Steines oder Ortes (den „genius loci") ebenso wie ihre eventuelle chemische oder physikalische Wirkung. Das heißt also, dass ich in meiner Vorstellung Dinge verändere, die sich dadurch auch in der Wirklichkeit verändern.
Dass es möglich ist, durch Vorstellungskraft die Wirklichkeit zu verändern, möchte ich Euch an einem kleinen Experiment zeigen:

Schamanistisches Rumpfkreisen

Spielregel: Alle stellen sich so auf, dass sie eine Armeslänge rings um sich herum Platz haben, ohne anzustoßen. Dann breiten alle die Arme aus und drehen sich zur Lockerung in der Hüfte mehrmals nach rechts und links, wobei die Füße an ihrem Platz bleiben und sich nicht bewegen. Nach dieser Lockerung dreht sich jeder noch einmal nach einer Seite, soweit wie es ohne Schmerzen geht, zeigt dabei auf den weitesten Punkt und merkt ihn sich.
Wieder in der Ausgangsstellung versuchen die Teilnehmer, diese gerade gemachte Bewegung noch einmal in ihrer Vorstellung zu wiederholen. Nun soll aber jeder – in seiner Vorstellung – sich über den Punkt hinaus drehen. Dabei ist es gut, die Augen zu schließen und sich dafür auch Zeit zu lassen.
Anschließend wird die Bewegung noch einmal richtig wiederholt: Tatsächlich können sich die meisten Teilnehmer nun auch in der Wirklichkeit über ihren vorher weitesten Punkt hinaus drehen.

Es gibt heute viele Menschen in Heilberufen, die sich schamanistischer Praktiken bedienen oder Methoden benutzen, die ihre Wurzeln in solchen Techniken haben – auch wenn sie dies vielleicht energisch abstreiten würden.
Schamanen im oben beschriebenen Sinne gibt es heute kaum noch und wahrscheinlich nicht in unserem Ort. (Doch wer weiß?)
Jedenfalls sind für uns solche Menschen gute Informationsquellen auf dem Weg des Schamanen, die Krankheit als Störung des Gleichgewichts zwischen dem Körper und der Psyche ansehen und aus diesem Bewusstsein heraus auch heilen können: weniger über Chemie als über den Weg der psychischen Heilung. Auch alle, die die inneren Kräfte eines kranken Menschen, insbesondere dessen Vorstellungskräfte, zur Heilung benutzen, lohnen sich, befragt zu werden: Psychologen und Psychiater, (Psycho-)Therapeuten, Supervisoren und manche Sozialarbeiter bieten sich demnach zur Befragung an, ebenso aber auch Menschen, die mit Hypnose, Entspannung, Pendeln, Steinen und Essenzen arbeiten, also Vertreter esoterischer Medizin.

In der Gruppe der Schamanen machen wir noch eine kleine schamanistische Übung.

Schamanistische Steinbetrachtung:
Zunächst bekommen alle Schüler/innen einen Stein, einen kleinen Hämatit, den sie sich aussuchen dürfen. Mit dem Stein in der Hand setzen wir uns im Kreis gegenüber.

„Schaut euch euren Stein genau an. Dreht ihn hin und her, schaut mal, was an ihm besonderes ist: seine Form, seine Farbe, seine Maserung. Vielleicht hat er Risse oder Schrunden, vielleicht ist er auch ganz glatt.
Nun probiert einmal, ob er nach etwas riecht.
Und vielleicht schmeckt er auch nach etwas.
Nun nehmt den Stein wieder ganz in die Hand und schließt eine Faust darum. Setzt euch bequem auf den Stuhl, stellt die Füße flach auf den Boden, entspannt euch. Achtet auf euren Atem, lasst ihn ruhig in euch hineinfließen und merkt, wie er die Brust und den Bauch dehnt, und wie sich diese wieder zusammenziehen, wenn der Atem euch verlässt.
Nun wendet euch in Gedanken wieder eurem Stein zu. Spürt, wie er da in eurer Hand liegt. Erinnert euch, wie er ausgesehen hat, von allen Seiten. Denkt noch einmal an seine besondere Form, seine Farbe, seine besonderen Merkmale. Erinnert euch, wie er gerochen, wie er geschmeckt hat.
Nun stellt euch vor, wie der Stein aus eurer Hand herauskommt und vor Euren Augen in der Luft schwebt, sich vielleicht sogar dabei dreht.
Und nun stellt euch vor, dass sich der Stein, der da vor euch schwebt, verändert: vielleicht verändert er die Farbe, vielleicht seine Form? Die Risse, die er hat, könnten größer werden oder auch ganz verschwinden. Die Oberfläche könnte sich verändern … und vielleicht tut sich auch gar nichts. Egal, was der Stein macht, lasst es geschehen und schaut dabei zu.
Nun lasst den Stein wieder zu dem werden, was er vorher war und lasst ihn langsam wieder zurück in eure Hand gleiten. Drückt ihn ein bisschen, damit ihr merkt, dass er tatsächlich wieder in eurer Hand liegt.
Und jetzt kommt wieder zurück in diesen Kreis … atmet ein paar Mal tief durch … räkelt euch und streckt euch … und öffnet wieder die Augen.
Dieser Stein ist nun ganz euer Stein. Wer mag, kann einmal erzählen, ob und wie sich der Stein verändert hat."

(Anmerkung: Fast alle Schüler/innen berichteten, dass sich ihr Stein in ein Tier verwandelt hätte, z. B. in einen Bären, einen Hasen oder einen Waschbären.)

„Dieser Stein, der Hämatit oder auch Blutstein heißt, hat übrigens durchaus eine Wirkung im Sinne unseres Projektes, denn er stärkt die Abwehrkräfte: durch ständigen Hautkontakt regt er die verstärkte Bildung weißer Blutkörperchen an (würde der Medicus sagen); der Schamane sagt, dass der Stein dem Blut die Kraft gibt, sich zu reinigen."

(Anmerkung: Der Blutstein (gibt es im Mineralienhandel günstig) ist eine besonders dichte Varietät des Hämatits, zu deutsch Eisenglanz bzw. Roteisenstein Fe_2O_3, der als Schmuckstein verwendet wird.)

Die Gesundheitsrallye am Friedrich-von-Alberti-Gymnasium Bad Friedrichshall

Bei dem Projekt am Friedrich-von-Alberti-Gymnasium standen drei „Experten" und fünf Lehrer für zwei Schulklassen mit insgesamt 56 Schüler/innen zur Verfügung. Dies ist sicherlich eine günstige Personalsituation, wobei hinzugefügt werden muss, dass diese acht Teamer während der drei Tage nicht durchgehend und ausschließlich mit dem Projekt befasst waren.
Die Experten waren Experten in doppelter Hinsicht, sowohl was den Heilberuf anging als auch in Bezug auf die zu untersuchende Krankheit:
Dr. Furtwängler, Aids-Fachkraft am Gesundheitsamt des Landkreises Heilbronn, war natürlich Experte für AIDS und übernahm den Part des Medicus.
Als glückliche Fügung für das Projekt erwies es sich, dass seine Frau, Frau Loeben-Furtwängler, von Beruf Heilpraktikerin ist. Sie übernahm die Rolle der Heilerin und war die Expertin für Allergien. Mir blieb damit das Expertentum für Sucht und die Rolle des Schamanen, worin ich mich erst nach intensivem, aber auch spannendem Literaturstudium hinreichend zurechtfand.
Die Lehrer waren die Fachlehrer für Deutsch, Biologie und Evangelische und Katholische Religion. Sie übernahmen unter Federführung der Suchtpräventionslehrerin und Initiatorin des Projektes, Frau Landes, die organisatorischen Arbeiten an dem Projekt und begleiteten einige Schülergruppen während ihrer Exkursionen in die Stadt Heilbronn.
Der zeitliche Rahmen bestand aus drei Schultagen, d. h. Vormittagen von 7.30 bis 12.30 Uhr. Während der Projekttage wurde der sonst geltende Pausentakt vernachlässigt.

Ablauf

Vor Beginn des Projektes wurden die Schüler im normalen Unterricht durch die entsprechenden Fachlehrer über die Durchführung des Projektes als solches informiert. Mitgeteilt wurden ihnen auch Grundinformationen über die drei zu untersuchenden Krankheiten. Zur Unterstützung bekamen alle Schüler die drei Steckbriefe ausgehändigt. Dabei entstand auch schon eine Fragensammlung darüber, was denn über Aids, Allergien und Sucht überhaupt interessant sein könnte, herauszubekommen.
Am ersten Tag der Gesundheitsrallye wurden die Schüler gemeinsam mit allen Teamern zunächst darüber aufgeklärt, was ihnen während der nächsten drei Tage bevorstünde, wie das Projekt ablaufe und was dabei zu tun sei.
Nun kam die Vorstellung der drei Wege des Medicus, des Heilers und des Schamanen, so dass der jeweilige Zusammenhang für alle Teilnehmer verständlich wurde. Wir Experten hatten uns hierbei besonders angestrengt, indem wir uns mit einigen typischen Requisiten unseres Heilberufes ausstaffiert hatten:
Der Medicus erschien in einem weißen Arztkittel mit Stethoskop in der Tasche, die Heilerin trug ein geblümtes Kleid und hatte Schröpfköpfe, Kräuter und an-

dere Utensilien dabei, und der Schamane war in einen wallenden Kaftan gehüllt und geschmückt mit Federohrring und Amulett. Um schamanische Kraft zu demonstrieren, führte er mit allen Beteiligten überdies noch das „Schamanistische Rumpfkreisen“ durch (s. o.).
Anschließend teilten sich die Schüler/innen in Gruppen auf, zunächst nach Krankheiten, dann nach Heilberuf. Von den anwesenden Lehrern bekamen sie farbige Markierungen angeklebt: rot für AIDS, grün für Allergie und blau für Sucht. Mit Filzstift wurde darauf der Heilberuf vermerkt. Allerdings gab es starke Präferenzen, sowohl was die Krankheiten als auch die Berufe anging, denn erst nach einigen Interventionen der Lehrer kam eine Gruppe zustande, die Allergien untersuchen wollte, aus der sich jedoch niemand für den schamanistischen Weg entscheiden mochte. Statt dessen wurde Aids von zwei Medicus-Gruppen behandelt.
Daraufhin arbeiteten die Schüler/innen getrennt nach Heilberufen in Kleingruppen in verschiedenen Klassenzimmern weiter. Die drei Experten begleiteten sie am Anfang auf ihrem Weg, so dass noch Verständnisfragen – evtl. verbunden mit einer „Initialisierungszeremonie“ – und zu der gewählten Krankheiten geklärt werden konnten. So händigte z. B. der Schamane seinen Gruppenmitgliedern noch einen besonderen Stein (Hämatit) aus und machte mit ihnen und dem Stein eine kleine Meditationsübung (s. o.).
Dann wurde gemeinsam im Brainstorming erörtert, welche Möglichkeiten der Informationsbeschaffung sich anböten, welche Ansprechpersonen befragt werden könnten usw. Entsprechende Materialien wie Adress- und Telefonbücher, Ärzteverzeichnisse etc. waren vorhanden, wurden jedoch erst auf genaue Nachfrage zur Verfügung gestellt. Experten und Lehrer hielten sich mit lenkenden Hinweisen zurück. Jede Gruppe überlegte sich, welche der Informationsquellen auch für ihre Aufgabe relevant sein könnte und machte sich entsprechende Notizen und Listen. Schnell kam man darin überein, dass es günstig wäre, Termine mit Institutionen oder Einzelpersonen wie z. B. Ärzten noch am selben Tag telefonisch zu vereinbaren, was auch vielfach getan wurde.
Auch der schuleigene und den Schülern (unter Aufsicht) zugängliche Internetanschluss wurde von einer größeren Zahl aus allen Gruppen benutzt.
Gemeinsam besprochen wurde auch kurz die Art der Dokumentation der Forschungsergebnisse, die am Ende der Rallye allen Teilnehmern und eventuell auch einem größeren Publikum dargeboten werden sollten. Als Möglichkeiten wurden von den Teamern Referate, Wandzeitungen, Broschüren, Hörbilder aus Tonbandinterviews, Videofilme usw. genannt.
Um Doppelungen bei Terminen zu vermeiden und eventuelle gemeinsame Fahrten an weiter entfernte Orte organisieren zu können, sollte jede Kleingruppe einen genauen Zeitplan für den Exkursionstag erstellen, wobei auch die zu benutzenden Verkehrsmittel angegeben werden sollen. Ist bei jüngeren Teilnehmern eine Aufsicht nötig, muss auch dies organisiert und abgesprochen werden.
Experten und Lehrer zogen sich nun zurück und die Gruppen arbeiteten den Rest des Vormittags allein weiter, bis man sich kurz vor Ende noch einmal im Plenum traf, um den Tag gemeinsam zu beenden.

Am zweiten Tag begaben sich die Teilnehmer auf ihre geplanten Exkursionen, teilweise von Lehrern begleitet, teilweise auch auf sich gestellt.
Die Experten nahmen an diesem Tag nicht offiziell an dem Projekt teil, sondern befanden sich an ihrem jeweiligen normalen Arbeitsplatz. Da aber alle drei von Berufs wegen mit den zu untersuchenden Krankheiten zu tun hatten, wurden sie dennoch von einigen Schülergruppen aufgesucht und befragt. Teilweise gab es Überraschungen, da mit Absicht den Schülern nicht ausdrücklich mitgeteilt worden war, welche Funktion die Experten im normalen Leben ausüben – darauf sollten sie ja schließlich selber kommen.
Wie am nächsten Tag zu erfahren war, wurden die Besuche auch teilweise noch an diesem Tag aufgearbeitet. Einige der Schüler saßen bis spät in die Nacht zu Hause an ihren Computern und schrieben an Texten.
Bedauerlich war, dass sich die Schüler bei den einschlägigen Beratungsstellen bei der Terminvereinbarung viele Absagen eingeholt hatten; hier hätte man bei der Vorbereitung vielleicht mit den Einrichtungen ein „Besuchsfenster" vereinbaren sollen.

Der dritte Tag stand unter dem Zeichen der Dokumentation. Es wurde nicht mehr in den Gruppen der Heilberufe im selben Raum zusammengearbeitet, sondern entsprechend der gewählten Krankheit. Die Gruppenmitglieder, die am Vortag teilweise getrennt voneinander recherchiert hatten, tauschten sich aus und zeigten sich ihre Mitbringsel wie Prospekte, Fachartikel aus Zeitschriften oder eigene Notizen. Die Experten waren wieder anwesend und halfen zusammen mit den Lehrern, das Material aufzuarbeiten und einige erst jetzt aufkommende Fragen zu klären.
Die Dokumentation sollte in Form von Wandzeitungen erfolgen. Die Lehrer hatten Stellwände, große Pappkartons, Kleber, Scheren, Stifte und Farben bereitgehalten, und so ging der größte Teil des Vormittags in kreativer Betriebsamkeit vorüber. Es entstanden zum Teil geradezu professionell gestaltete Flächen, die gut gegliedert und auch optisch ansprechend gestaltet waren. Einige Schüler aus der Sucht-Gruppe zeigten großen Ehrgeiz darin, möglichst „echt" aussehende Plastiken von Haschischzigaretten und -pfeifen herzustellen, welche dann auf die Wandzeitungen aufgeklebt wurden. (Von den Lehrern war zu erfahren, dass diese Schüler bereits in dem Ruf stünden, hiermit auch praktische Erfahrungen zu haben, wobei dies mit den Schülern und auch Eltern bereits angegangen werde.)
Ein Teil des Auftrags wurde den Schülern erst jetzt ausführlich vorgestellt. Denn das erworbene Wissen sollte aus der Gruppe heraus auch mündlich vorgestellt werden. Um diesen mündlichen Vortrag für die Schüler griffiger zu gestalten, hatten wir dazu eine Vorgabe gemacht: Die Schüler sollten sich vorstellen, dass ein naher Verwandter (z. B. ein älterer Bruder oder eine ältere Schwester, jemand, mit dem sich die Schüler emotional verbunden fühlten), der normalerweise weit weg wohnte, an der von ihnen erforschten Krankheit erkrankt sei und heute gerade zu Besuch gekommen sei. Sie hätten sich als Medicus, Heiler oder Schamane auf den Weg gemacht, diesem Verwandten zu helfen. Und nun, bei der Präsentation, würden sie ihm berichten, was sie über seine Krankheit, die Ursachen und die Heilungsmöglichkeiten herausbekommen hätten.

Eigentlich war geplant gewesen, die Rolle des erkrankten Verwandten einen Schüler aus einer jeweils anderen Gruppe übernehmen zu lassen. Da in der nun entstandenen Aufregung alle Schüler anderweitig eingespannt waren, übernahmen die jeweiligen Experten diese Rolle. Dies stellte sich im Nachhinein ohnehin als günstig heraus, da so der Vortrag der in frei gehaltenen Referaten noch ungeübten Siebtklässler durch Nachfragen etwas gesteuert und „auf den Punkt" gebracht werden konnte.
Dennoch zeigten einige der Schüler große Pfiffigkeit darin, ihre Präsentation zu gestalten: So hatten z. B. zwei Schüler einen Dialog vorbereitet, indem sie sich in ihrem Vortrag konsequent von Aussage zu Aussage abwechselten. Andere drehten den Spieß um und fragten den kranken Verwandten aus.

Auswertung

Siebtklässler können den eingangs geschilderten Zielvorstellungen einer Gesundheitsrallye bei nur drei zur Verfügung stehenden Tagen nicht in vollem Umfang gerecht werden. So kam in der Dokumentation und Präsentation das unterschiedliche Profil der drei Wege nur ansatzweise zum Tragen.
Gut gelang dagegen die selbständige Beschaffung von Informationen. Alle Schüler suchten mindestens einen Fachmann oder eine Fachfrau zu ihrer jeweils zu untersuchenden Krankheit auf, viele hatten an dem Exkursionsvormittag Gelegenheit, mit mehreren Vertretern unterschiedlicher Institutionen zu sprechen. So gelang es den Schülern, sich ein umfassendes Bild über die Krankheit zu machen, das auch die eigene (mögliche) Betroffenheit mit einschloss. Denn auf die Vorbeugung legten alle Befragten Fachleute, insbesondere natürlich die am Projekt beteiligten Experten, großen Wert.
Was wirklich auffiel, sowohl den Lehrern als auch den externen Experten, war das hohe Engagement, mit dem sich die Schülerinnen und Schüler an dem Projekt beteiligten. Sie waren hochmotiviert, Ergebnisse zu beschaffen und legten sich wirklich ins Zeug. Da sie ihren Rhythmus selbst wählen konnten, spielten Pausen keine Rolle; während der Projektzeit wurde durchgehend gearbeitet, und das Pausenbrot wurde eher zwischendurch eingeschoben. Selbst an den Nachmittagen oder Abenden, an denen ja keine sonstigen Hausaufgaben zu erledigen waren und an sich frei gewesen wären, hatten viele noch freiwillig weitergearbeitet. Insofern lässt sich sagen, dass wir die Interessenlage der Schüler/innen voll getroffen haben! Die Anforderungen an selbstständiges Arbeiten waren zwar hoch, dennoch wurden sie dem Kenntnisstand der Schüler entsprechend bewältigt. Die Methode, die Auseinandersetzung zu Gesundheitsthemen in die Form einer Rallye zu packen und die Schüler in einer bestimmten Rolle selbstbestimmt Detektivarbeit leisten zu lassen, war hochmotivierend und hat das Ergebnis so erst möglich gemacht.
An dieser Stelle möchte ich mich bei Frau Loeben-Furtwängler, die in ihrer Freizeit am Projekt mitgewirkt hat, und ihrem Mann, Herrn Dr. Furtwängler, sehr für die Mitwirkung bedanken, ebenso wie bei den beteiligten Lehrerinnen und Lehrern, besonders bei Herrn Thielecke für die Bereitstellung der Fotos und bei Frau Landes, die es ermöglicht hat, die Gesundheitsrallye erstmals zum Leben zu erwecken!

„Es war ein Spiel!
Was sollt' es anders sein?
Was ist nicht Spiel was wir auf Erden treiben,
Und schien es noch so groß und tief zu sein!
Wir spielen immer, wer es weiß ist klug."

Arthur Schnitzler

Verwendete und weiterführende Literatur

Um Ihnen die Orientierung zu erleichtern, sind die aufgeführten Werke entsprechend dem jeweils betreffenden Kapitel geordnet.

Teil 1: Spiele für den Einstieg

Ulrich Baer:
- Kennenlernspiele – Einstiegsmethoden. Remscheid 1992.
- Remscheider Diskussionsspiele. Remscheid 1990.
- 666 Spiele". Seelze-Velber 1998. (Kallmeyersche Verlagsbuchhandlung)
- Wer sind wir? 12 neue Selbsterfahrungsspiele für die Gruppenarbeit. Remscheid 1984.

Jürg Born, PLUS Fachstellen für Gesundheitsförderung und Suchtprävention im Kanton Bern: Suchtspiele. Lausanne 1996.
Adresse: Schweizerische Fachstelle für Alkohol- und andere Drogenprobleme, Postfach 870, CH-1001 Lausanne.

Jörg Knoll: Kurs- und Seminarmethoden. Ein Trainingsmethoden zur Gestaltung von Kursen und Seminaren, Arbeits- und Gesprächskreisen. Weinheim und Basel 1993. (Beltz)

Verein Schweizerischer Drogenfachleute: Planungsanleitung für Prophylaxeseminare. Dornach 1989.
Adresse: Verein Schweizerischer Drogenfachleute: Rebenweg 16, CH-4143 Dornach.

Teil 2: Aufwärm- und Entspannungsübungen

Helga Artelt: Stille und Konzentration. Spiele und Übungen nicht allein für einen entspannten Schulalltag. In: gruppe & spiel 4/94, Seelze-Velber. (Kallmeyersche Verlagsbuchhandlung)

Else Müller: Du spürst unter deinen Füßen das Gras. Autogenes Training in Phantasie- und Märchenreisen. Vorlesegeschichten. Frankfurt a. M. 1993. (Fischer TB)

Portmann, Schneider: Spiele zur Entspannung und Konzentration. München 1993. (Don Bosco Verlag)

Marianne Waskönig: Das Spiel als Ritual im Unterricht. In: gruppe & spiel 4/94, Seelze-Velber. (Kallmeyersche Verlagsbuchhandlung)

Teil 3: Suchtvorbeugung von Anfang an

Aktion Jugendschutz, Landesarbeitsstelle Baden-Württemberg: Eltern stark machen. Bausteine für Elternabende zu Suchtvorbeugung und ähnlichen Erziehungsaufgaben. Stuttgart 1998.
Adresse: Aktion Jugendschutz, Stafflenbergstr. 44, 70184 Stuttgart.

Marga Arndt, Waltraud Singer: Der Daumen Knuddeldick. Ravensburg 1994, 11. Aufl. (Otto Maier Verlag/Ravensburger)

Bernd Badegruber: Spiele zum Problemlösen; Band 1, für Kinder im Alter von 6–12 Jahren. Linz 1995.

Heike Baum: Bewegungsspiele für Kinder ab 4 Jahren. Freiburg 1996. (Herder)

Bausteine Kindergarten: Alles haben und nie genug? Hilfen, damit Kinder unabhängig bleiben. Heft 2/1997. Aachen. (Bergmoser + Höller Verlag)

Ingeborg Becker-Textor, Elke Schubert, Rainer Strick (Hrsg.): Ohne Spielzeug. Spielzeugfreier Kindergarten – ein Konzept stellt sich vor. Freiburg 1997.

Ralf Brinkhoff: Abenteuerliche Entdeckungsreise durch meinen Körper. Spielaktionen für Kinder ab 8 Jahren. Ettlingen 1995.
Adresse: Resiek 28, 32584 Löhne.

Ministerium für Kultus, Jugend und Sport Baden-Württemberg (Hrsg.): Suchtvorbeugung in der Grundschule. Stuttgart 1996.

Sigrid Mordi: Spiele in der Vorschulzeit. Weinheim und Basel 1978. (Beltz)

Elisabeth Salzer: Rundherum im Kreis. München 1984. (Don Bosco Verlag)

Schweizerische Fachstelle für Alkoholprobleme: Kinderspiele 1. Eine Unterrichtseinheit zur Gesundheitserziehung für die Unterstufe. Lausanne 1984. 1. Aufl.

Adresse: SFA/ ISPA, Postfach 1063, CH 1001 Lausanne

Sozia Verlag: Kinder brauchen Zukunft. Ganzheitlich orientierte Suchtprävention für Kinder in der Grundschule (Ordner). Freiburg 1996.

Techniker Krankenkasse:

- Gesundheitsförderung im Kindergarten. Erfahrungen aus der Praxis. Stuttgart 1996.
- Gesundheitsförderung im Kindergarten. Anregungen und Erfahrungen aus einem Modellprojekt. Stuttgart 1996.
  Adresse: Techniker Krankenkasse, Landesvertretung Baden-Württemberg, Rotebühlplatz 20B, 70173 Stuttgart.

Mechthild Threin, Ingrid Tzschoppe-Stengel: Spiele für Kindergartenkinder. (Spielekartei) Köln 1994, 2. Aufl. (Kalker Spieleverlag)

H. Peter Tossmann (Hrsg.): Praxishilfen Schule. Gesundheitsförderung in der Grundstufe. Neuwied 1995. (Luchterhand Verlag)

Verlag gruppenpädagogischer Literatur (Hrsg.): Kinderspiele (Spielekartei). Wehrheim 1972.

Günter Walter: Spiel und Spielpraxis in der Grundschule. Donauwörth 1993. (Verlag Ludwig Auer)

Dietmar M. Woesler: Spiele und Spielfeste. Frankfurt a. M. 1984. (Fischer TB)

Teil 4: Spiele für Schule, Jugendarbeit und Betrieb

AOK-Medienpaket: Sucht hat viele Ursachen – Alkohol und Medikamente. AOK-Verlag, Remagen/Leipzig 1994.

Arbeitsgemeinschaft Jugendfreizeitstätten Baden-Württemberg e. V. (Hrsg.): Hunger nach Sinn. Von der Suchtprävention zur Gesundheitsförderung. Thesen, Gedanken, Anregungen, Übungen und Methoden für die Gruppenarbeit mit Schüler/innen, Jugendlichen, Erwachsenen und Multiplikator/innen. Mannheim 1993.
Adresse: AG Jugendfreizeitstätten Baden-Württemberg e. V., Ulmer Str. 241, 70327 Stuttgart.

Georg Bienemann u. a.: Labyrinth Leben. Ein jugendliches Lese- und Arbeitsbuch. Düsseldorf 1987. (Patmos Verlag)

Eva Bilstein, Annette Voigt-Rubio: Ich lebe VIEL. Materialien zur Suchtprävention. Mülheim/Ruhr 1991.

Ralf Brinkhoff:
- Ich glaub´ ich krieg ´ne Krise! Löhne 1997.
- Spiele im Jugendzentrum. Ein Erfahrungs- und Praxisbericht. Löhne o. J.
- Der Joint ist heiß! – Die Anti-Drogen/ Sucht-Spielshow. Löhne 1995.

Bundesvereinigung Deutscher Apothekerverbände, Eschborn: Unterrichtsentwurf „Arzneimittelgebrauch und -missbrauch". Materialien für die Sekundarstufe I. Eschborn 1996.

Bundeszentrale für gesundheitliche Aufklärung:
- Expertise zur Primärprävention des Substanzmissbrauchs. Köln 1992.
- Gesundheitsförderung und Erlebnispädagogik in der Jugendarbeit. Erfahrungen und Empfehlungen aus der Kampagne: Ohne Rauch geht's auch! Köln 1993.
- Infoset Jugend und Drogen. Köln 1989.
  STEP BY STEP. Suchtvorbeugung in der Schule. Programm zur Früherkennung und Intervention. Köln 1998.

Herbert Gudjons: Spielbuch Interaktionserziehung. 185 Spiele und Übungen zum Gruppentraining in Schule, Jugendarbeit und Erwachsenenbildung. Bad Heilbrunn 1992 5. Aufl. (Verlag Julius Klinkhardt)

Helmut Hildebrand: Lust am Leben. Gesundheitsförderung mit Jugendlichen. Ein Ideen- und Aktionsbuch für die Jugendarbeit. Frankfurt a. M. 1992 2. Aufl. (Brandes & Apsel Verlag)

Industriegewerkschaft Metall – Vorstand – (Hrsg.): Das Suchtbuch für die Arbeitswelt. Frankfurt a. M. 1992. (erhältlich z. B. über die DGB-Kreisverbände)

Jugendstiftung Baden-Württemberg: Erlebnispädagogik. Theorie und Praxis in Aktion. Münster 1993.
Adresse: Jugendstiftung Baden-Württemberg, Schlossstr. 23, 74372 Sersheim

Lutz Krätzschmar, Günter Krauss (Hrsg.): Schaden verhüten, Perspektiven eröffnen. Prävention mit Jugendlichen und jugendlichen Drogenkonsument/innen. ISKA. Nürnberg 1994.

F. Mack, R. Schneider, H. Wäschle: Sucht im Schulalltag. Geesthacht 1996. (Verlag Neuland)

Else Meyer, Synanon International: Das Anti Drogen ABC. Materialsammlung für 7.–9. Klassen aller Schulformen. o. J.
Adresse: Synanon International e. V., Bernburger Str. 10, 12689 Berlin
Franz Petermann, Ulrike Petermann: Training mit Jugendlichen: Förderung von Arbeits- und Sozialverhalten. Weinheim, Basel 1993, 4., überarbeitete Aufl. (Beltz)
Anne Voigt: Suchtvorbeugung in der Schule – mal ganz anders. Erlebnisorientierte Übungen ab 12 Jahren. Lichtenau 1990. (AOL-Verlag)

Teil 5: Spielaktionen zur Suchtvorbeugung

Hajo Bücken: Kimspiele. Spiele zum Sehen, Schmecken, Riechen, Tasten, Hören und Denken" München 1993, 4. Aufl. (Hugendubel Verlag) Bezug u. a. über Robin-Hood-Versand, Küppelstein 36, 42857 Remscheid.
Rüdiger Gilsdorf, Günter Kistner: Kooperative Abenteuerspiele. Seelze-Velber 1998. (Kallmeyersche Verlagsbuchhandlung)
Joan Halifax: Die andere Wirklichkeit der Schamanen. Erfahrungsberichte von Magiern, Medizinmännern und Visionären. München 1979. (O. W. Barth Verlag)
Hugo Kükelhaus, Rudolf zur Lippe: Entfaltung der Sinne. Ein „Erfahrungsfeld" zur Bewegung und Besinnung. Frankfurt a. M. 1997. (Fischer alternativ)
Susanne Loeben-Furtwängler: Kleines ABC naturheilkundlicher Hausmittel" Neckarsulm 1997. (Natura Med Verlagsgesellschaft mbH)
Anette Reiners: Praktische Erlebnispädagogik. Neue Sammlung motivierender Interaktionsspiele. München 1993. (Fachhochschulschriften Prof. Dr. Jürgen Sandmann)
Andreas Robra: Zauberstein und Riesenstab. Abenteuer-Rallyes für Kinder, Jugendliche und Erwachsene. Langenbeutingen 1995. (LOGO Kommunikationswerkstatt, erhältlich nur noch beim Autor.)
Adresse: Andreas Robra, Trollinger Str. 15, 74074 Heilbronn.
José und Lena Stevens: Zur Quelle der Kraft. Schamanische Techniken für das Leben von heute. Freiburg 1995. (Hermann Bauer Verlag)

Über den Autor

Andreas Robra ist gelernter Gärtner und studierter Sozialpädagoge. Er war Kreisjugendpfleger in einem oberbayerischen Landkreis und arbeitet nun als Suchtbeauftragter in Heilbronn/Baden-Württemberg. Dank seiner Fortbildung zum Spielpädagogen durch Ulrich Baer an der Akademie Remscheid entdeckte er die Möglichkeiten des Spiels für die Suchtvorbeugung. Nebenher erfindet er Spiele für verschiedenste Gelegenheiten und gibt Fortbildungen und Seminare.
Kontaktadresse: Trollinger Str. 15, 74074 Heilbronn

Bisherige Veröffentlichungen:

- Zauberstein und Riesenstab. Abenteuer-Rallyes für Kinder, Jugendliche und Erwachsene. Langenbeutingen 1995.
- Chips und Schokolade. Ein Supervisions-Brettspiel. Buch und Spiel veröffentlicht bei LOGO-Kommunikationswerkstatt.

Beide Materialien sind inzwischen nur noch über den Autor zu beziehen.

- „Spiele zur Suchtprävention“ als Sonderheft 1997 von gruppe & spiel, Kallmeyersche Verlagsbuchhandlung, inzwischen herausgegeben von der BZgA